絲路新娘

自古以來，婚姻都是一場冒險

謝金魚——著 燕王——繪

沒有結婚真的不會死，跟不對的人結婚絕對生不如死。
婚姻此路風險極高，不亞於徒步勇闖絲路，上路前請認真評估。

序

新娘們的大冒險

說到「新娘」，大家會想到什麼？

在我小時候，米老鼠卡通或者童話故事的結局，總是王子與公主過著幸福快樂的日子，而他們的幸福快樂當然是跟對方結爲夫妻，穿著輕飄蓬鬆、奶油蛋糕一般的雪白禮服，坐上敞亮豪華的馬車，在衆家親友的祝福跟反派的羨慕嫉妒恨中奔向燦爛的未來。

爲什麼不提後續的事呢？因爲婚姻不是完美的大結局，而是一場前途未卜的豪賭，米老鼠絕對不會告訴你，白雪公主十年後醒來，身旁睡著一個身材走樣、一邊打呼一邊磨牙還一邊放屁的胖大叔。同一時間，白馬王子的鬧鐘不是嬌妻的軟語香吻，而是一聲震耳欲聾的：「死鬼！都幾點了還不起床！」

愛情總會面對許多不堪，婚姻從來不會停留在「我願意」的那一瞬間，但每個走入婚姻的人都希望自己從此圓滿如意。從很小的時候就有人會告訴你我，在世界上的某一個角落，有一個人正在等著，任憑千山萬水，總有一天你們會相遇。

然而，不管是媒體報導或者身邊的親友，總有那麼幾個婚姻不順的，有的鬧離婚鬧得滿城風雨，有的鬥小三小王鬥得見刀見血。見過種種不堪後，在婚宴會場上衆人舉杯祝福新人「要幸福喔」的畫面，荒謬得像是上一個世紀的笑話。雖是如此，人們還是奮不顧身、前仆後繼、一代又一代地撲向婚姻。

究竟是哪個應該下三十六層地獄的傢伙發明了婚姻這個制度？還眞是說不清楚，只知道當人類有歷史以來，婚姻就已經形成，我們常常以爲婚姻應該奠基於愛情，但歷史學家瑪莉蓮．亞隆在綜觀了西方歷史中的妻子角色後結論：「觀諸歷史，多數婚姻是財力而非心的結合。男人娶有妝奩的女人；女人嫁給能養活她的男人。從聖經時代到一九五〇年代，養活老婆是丈夫的責任。女人的責任則是提供性、生養孩子與持家。這不是雙方心照不宣的報償，而是明文書寫於宗教律法與民法。」[1]在她的觀察中，社會開始普遍認爲婚姻中要有「愛」的成分，要等到十六世紀的英格蘭才開始萌芽。亞隆的考察主要根基於歐美，在亞洲婚姻要有愛還得等到十九世紀末至二十世紀初，才有留學生把愛的概念引入。

時至今日，我們看待婚姻的首要條件幾乎都是要愛對方，即便是豪門千金或財閥家的兒子們，在衆人都認爲是政治聯姻時，婚禮上仍要強調著愛。只是華麗婚禮之後，婚姻究竟如何進行，在不同文化各有不同的規範，甚至，每個家庭都有自己看待婚姻的方式。

所以，當兩個不同的個體相遇時，常常會覺得對方的「傳統」超越了己方的「常識」，誇張得不可思議。於是，用自己的常識來批評對方、要求對方屈服就成了一種最不需要思考的直覺反應，文化衝突於是產生，在己方的視野中視對方爲猛獸，忘記了婚姻的本質在於結合而非分離。

抱持著對婚姻的悲觀態度，我在二〇〇九年左右開始了關於跨國婚姻的研究。在重重史料中，我看見六到九世紀，有無數的新娘從絲路進出中國，她們揮別故國，走進未知的婚姻與陌生的國度。有人白首偕老，有人痛失愛侶，也有人一生困在婚姻附加的枷鎖中不得離開，但不管是哪一種，最終都成了「某母某夫人」，她們的名字大多被遺忘了。

回望現代女性，現代人結婚的年齡普遍晚得多，但我們在婚前與婚後的困惑並沒有比較少，我堅決地認為，婚姻不只是愛情的墳墓，而是女人的墳墓。另一方面，當時的工作也非常忙碌，忙到沒有時間去操心另一個人、忙到連自己都害怕成了別人的拖累。

1 瑪莉蓮亞隆，何穎怡譯，《太太的歷史》（台北：心靈工坊，2003），頁14。

寫完《崩壞國文》後，我放了一個長長的假，前去青森踏查，在某個近郊的神社外，天色漸暗，我拍完了照，輕手輕腳地離開，生怕驚醒了可能在覓食的熊。臨走前，我再次向稻荷神社鞠躬，朱紅的鳥居內，在小小神社裡守護百年的神依然無語。只是不知爲何，像是有什麼東西打開了我的心，就像那束陽光穿透薄霧，原來，那一切執著跟擔憂其實並不深，只是一片小小的森林，而我其實沒什麼好害怕的。

於是，我走了兩個小時的夜路回到飯店，之後又扛著越來越重的行李一路南行，在繁華熱鬧的古城京都與朋友們會合，也與一位男士的生命會合，兩年後，一起踏上了我們曾經懷疑的婚姻之路。

於是，身爲已婚婦女的我，再看看那些絲路上的前輩新娘，她們曾經惶恐嗎？曾經害怕嗎？她們爲了什麼走入婚姻？走過漫長的人生路，又是如何回望當初的決定呢？這些新娘們都不相識，她們的生活年代有時相去甚遠，但在那片熾熱的的大陸上咬牙活下來的女人，都不簡單。

首先，我們要先從十九世紀的英國開始說起，然後一路東行，進入廣闊的歐亞大陸，探尋那些女人們的故事。

【目錄】

第二卷 四到九世紀，東進中國的粟特妻子

第三卷 前二到十九世紀，北亞，和親的中國公主們

第一卷

十九世紀，勇闖新疆的英國新娘

1 一段源自家族情誼的愛情

一八九八年、一個涼爽的秋天、週六早晨，在倫敦市郊的佩瑟頓路三十五號、柏蘭家的廚房裡，年輕的凱薩琳小姐正在攪打著雞蛋，要給家人做糕點。

在英國的上流階層，千金小姐大多十指不沾陽春水，就算是中產階層，也都聘有傭人、廚子來處理家務。柏蘭家的男主人、凱薩琳的父親是個生意人，他就像十九世紀許多英國小說裡的人物一般，來自蘇格蘭的平民家庭，一家子都是長老教會的信徒，在教會的薰陶下，以堅毅不拔、努力不懈的人生態度爲豪，爲了尋求發展，他遠離家鄉，到海港利物浦從事海運，賺了錢，這才搬到倫敦，幾經搬遷後，最後落腳在佩瑟頓路這棟四層樓、土黃色磚造的宅子。

柏蘭家兒女衆多，但也沒忽略女兒的教育，所以凱薩琳能讀會寫、彈了一手好鋼琴，又能唱歌，可以說是才女型的人物。不過她並非廚藝老手，因爲家境殷實的柏蘭家不需要女兒親自下廚，在十九世紀的英國，中等階級的人家都有一兩個廚娘或者幫傭。

但這是凱薩琳的「新娘修行」，因爲她在兩年前訂了婚，她覺得自己必須學習廚藝以面對即將到來的新婚生活，她知道她必將遠離家園，卻對自己將要前往的新居一無所知。

門鈴響了，凱薩琳充耳不聞，在溫馨安全的廚房裡，細細地打蛋、篩糖、添加麵粉，訂婚戒指在她手上閃著微弱的光，她的心思卻飛到未婚夫身上，他人在遙遠的東方，一封信得輾轉千里、橫跨歐亞才能送到她手上，也不知道他幾時才會來迎娶，等待令人焦心。

此時，柏蘭家的女僕粗魯地衝進來，大聲地喊著：「馬戛爾尼先生來了！」

「別亂開玩笑！」凱薩琳不理會，繼續攪著手上的麵糊，女僕們比誰都清楚她的不安，卻總是拿這個來取笑她。女僕見她不爲所動，悻悻然地離開，她靜靜地按著食譜把糕點做好，放進燒熱的火爐。

女僕又來了，說太太要找她，於是凱薩琳換下圍裙，帶著一身甜甜的點心香

氣，進到起居室。

門一打開，起居室裡一陣騷動，男人們站起身來，凱薩琳一眼就看見女僕口中的「馬戛爾尼先生」。他的全名是喬治．馬戛爾尼，時年三十二歲，比二十一歲的凱薩琳整整大了十一歲。

馬戛爾尼家族的往事

馬戛爾尼家族來自蘇格蘭，在英國並不是名門世家，卻在中英關係史上有著舉足輕重的地位。一七九三年，英帝國開始對外擴張，有另一位喬治．馬戛爾尼先生擔任英王喬治三世的使節，航向遙遠的清帝國，晉見了乾隆皇帝、送上來自英國的禮物，希望中國能夠開港通商，與英國進行交易。

這場會面是災難性的不歡而散，雙方在檯面上的說法是馬戛爾尼拒絕對皇帝下跪。事實卻是，清帝國不認爲與英國的貿易有其必要，但經歷了工業革命的英國卻洞見了清帝國的困境。幾十年後，這次的會面經驗促使英國決心發動鴉片戰爭，從此，稱霸東亞的清帝國被迫打開門戶，並在後來的戰敗中，淪爲列強的俎上肉。

乾隆時代入清的馬戛爾尼先生由此青史留名，不過他沒有後代。一百零五年後的這位馬戛爾尼先生是他的旁系子孫，卻意外地繼承了他的人生軌跡，再次回到中國。他有一個中國名字，叫「馬繼業」，也一直以此名行走江湖，這個名字大有來

頭，替他取名的人，乃是清末重臣李鴻章。

這事得說到同治年間，當時，馬繼業的父親馬格里輾轉來到中國，以軍醫身分參與了由外國人組成的傭兵常勝軍，與李鴻章所率領的淮軍一起參與了平定太平天國的戰爭，兩人由此相識。

太平天國末年，中國的南方一片混亂，在蘇州城的戰爭中，李鴻章的部將在常勝軍的協助下，策反了太平天國的八個將領，在蘇州城外的客舟上，許諾他們的人身安全、高官厚祿等等條件，常勝軍的隊長以見證人的身分出席。於是，這八人回到蘇州城後，殺了主帥，開城投降，但是李鴻章卻沒有遵守諾言，縱容部屬將蘇州城中的太平天國降軍殺盡，內應的八個將領也一起被害。

此事引起了常勝軍的不滿，他們認爲這是背信棄義，甚至一度揚言要倒戈去幫忙太平天國，但是最後在淮軍以金錢安撫下作罷。死去的八人中，有一個受封爲納王、名叫郜雲官（或永寬）的青年，他與常勝軍的關係密切，在他死後，常勝軍保護了他的親屬，最後，他的姪女就嫁給了馬格里。

在常勝軍解散後，受到李鴻章賞識的馬格里，帶著這位太平天國之女回到太平天國的首都南京，在那裡，他們生下了三兒一女，他們的長子就是馬繼業。

下面這張照片裡的馬繼業與凱薩琳柏蘭在一八九八年看見的樣子，不會相差太多，他的鼻子、眉眼與他父親馬格里很像，但是髮色與眼睛的顏色應該來自於母親郜夫人。馬繼業十歲左右，馬格里被指派爲中國駐英大使館的祕書，赴任時帶著兒子回去英國，郜夫人沒有隨行。

左　馬繼業（1867-1945）的獨照，攝於1900年前後，這張照片由探險家斯坦因爵士（Sir Aurel Stein）所留存。

右　馬格里的獨照，拍攝時間不明。

馬繼業沒有留下任何關於母親的紀錄，即使他的孩子也對這位中國祖母不太清楚，我們只知道在他回到英國後沒幾年，郜夫人在中國無聲無息地死去，馬格里隨後再娶，組成了另外的家庭。至此，南京的家已不復存在，年紀漸長，父系基因在他臉上逐漸顯露痕跡，除了一口流利的中國話與髮色之外，已經很難認得出中國的輪廓。十八歲左右，他在法國取得大學學位，在那裡學了法語、俄語與德語，後來又修了一些印度語、突厥語和波斯語，加上原本就會的英語跟漢語，可見他的語言天分。

但是，再多的語言，也無法讓他在英國找到歸屬。每年從學校放假後，他只能前往父親好友的家，而他父親的這位好友正是凱薩琳的父親。柏蘭家有十個孩子，是非常傳統的蘇格蘭家庭，他們的感情非常緊密。或許是在柏蘭家，馬繼業才能眞正感覺家庭的溫馨，他與凱薩琳的婚姻，或許也是出自這樣的感情聯繫。一八八九年，他的姐姐嫁給了柏蘭家的長子，這也是兩家關係加深的重要原因。

一八八七年，馬繼業收拾包袱，準備效法他的父親，在外交體系中求職，但他的背景讓他未能通過正式的考試，斷絕了他走上正規外交體系的路。後來，他選擇離開英國、先進入英屬印度政府，而後深入中亞到新疆的喀什噶爾。一開始，他僅能以語言上的才華，進入英國外交體系的最底層，從一個小職員做起。外派的日子非常孤單，當他好不容易存夠了假期（幾年才能申請一次長假），從新疆千里迢迢回到倫敦，他唯一能去的地方，也只有柏蘭家。

一八九六年，在歐亞大陸的東邊，日本接收了臺灣、即將吞併朝鮮。在西邊，身心俱疲的馬繼業將喀什噶爾的紛紛擾擾拋在腦後，敲開柏蘭家的大門，受到了熱切的歡迎，溫馨的家庭生活讓他感到嚮往，而柏蘭家的二女兒凱薩琳正當妙齡、性情柔和，馬繼業愛上了凱薩琳。在他離開英國之前，他向凱薩琳求婚，並且約定好下次休假就回來娶她、然後一起去新疆。

在後代研究馬繼業的學者看來，馬繼業沉默寡言，也稱不上高帥富，爲什麼可以在幾個月的休假中，就拐到一個願意跟他去新疆的新娘？至今我們都沒有答案，馬繼業在外交檔案中屢屢留下傑出的觀察報告，但他對自己的私生活卻始終沉默。

凱薩琳是個小家碧玉，並不是什麼大冒險家，爲什麼她會這麼一往無懼？她在回憶錄中也沒有提及。青梅竹馬也好，雙方世交也好，這都很難解釋他們爲何結合。或許眞的是因爲愛吧？凱薩琳就這樣拋下一切，千里相隨，不知道該說她勇敢還是太傻。

從後來的紀錄看來，他們的性格正好互補，因爲生活圈很單純，凱薩琳對許多人事物都抱持著善意，有時候過於天眞，但是對看慣各種險惡的馬繼業而言，凱薩琳的純良，可能正是支持他走過各種風暴的力量。反之，凱薩琳對馬繼業最多的形容詞是「冷靜」或「平靜」，在異國的生活中，她常常有崩潰、無助跟無力感，馬繼業在各種族群之間自由往來的本領，與總是不慌不忙的態度，總能讓她重新站起來。

當然，這些都是後見之明，他們在結婚之前，對彼此都是不熟悉的，至少凱薩琳其實不太了解她到底嫁了什麼樣的人。

一八九八年，馬繼業突然出現在柏蘭家的這一天，他告訴凱薩琳：「我們必須在下週六結婚，然後儘快離開英國、回到喀什噶爾。」

喀什噶爾是一個十世紀就存在的古城，是中國西部邊境的大城，也是中、英、俄三國利益激烈衝突的地方。馬繼業在那裡已經駐守了八年之久，他的假期只有十二週，但光是回到英國的旅程就走了五週，所以他與凱薩琳必須在兩週內完成婚禮、離開英國。

凱薩琳沒有抱怨，她很有效率地做好計畫，在兩週內打包好行李、完成婚禮。她大概會從未婚夫那邊聽說，他們即將渡過多佛海峽，穿越廣闊的歐亞大陸，進入世界上離海洋最遠的地方。這趟路程非常複雜，先坐船抵達歐陸之後，再坐著火車穿越歐洲、穿過俄國、渡過裡海，沿著中亞的鐵路進入今日的烏茲別克與塔吉克後，再坐馬車、騎馬，甚至騎駱駝翻過帕米爾高原，進入喀什噶爾。

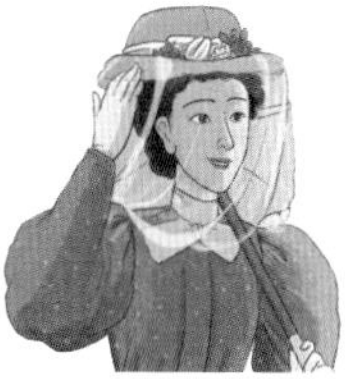

凱薩琳從英國到新疆的漫長旅程

這麼漫長而且複雜的旅途，在當時絕非易事。而且凱薩琳從未離開過英國，只會一些法語，對於中央歐亞的共通語言俄語，更是一個字都不認識。一般人第一次出國都會選個比較安全的地方，套句電玩用語，凱薩琳還沒進新手村就單挑魔王關卡，無畏無懼得讓人捏把冷汗。

當然，她並不是完全不懂前方有多困難，在確定婚期後，她就開始打包各種行李，其中，還包括了一架小鋼琴，因爲她猜遙遠的喀什噶爾並沒有熟悉的樂器，琴音可能是最大的慰藉。但即使帶足了行李，她仍覺得不安。只是，這些不安必須掩飾起來，她由馬繼業陪同，一一與親友道別，有一位老夫人知道他們要去喀什噶爾，驚慌地叫了起來：「快別去了！親愛的，想想那些跳蚤就嚇死你！」

跳蚤哪裡都有，英國當然也不少，但是此話一出，氣氛頓時尷尬，卻聽見馬繼業平靜地回答：「如果所有英國人都只想著跳蚤，我們會有個什麼樣的大英帝國？」

平淡的一句話，讓凱薩琳印象深刻，在數十年後仍難以忘懷，或許是在那一瞬

間，她窺見了未婚夫冷靜外表下的熱情與抱負。

凱薩琳與馬繼業身在「大博奕」時代的尾聲，在他們出生之前，英國占據了印度、巴基斯坦後又向緬甸、馬來亞擴張，北邊的俄國則占據歐亞草原、中亞綠洲與山區。以阿富汗爲爭奪的中心，一個試圖南進，一個試圖北上，爲此發動了好幾次戰爭。

在歐亞大陸的中心之外，俄國也試圖出黑海、進入地中海，因此與英國扶持的土耳其等國發生衝突。在東部的西伯利亞，英國也與日本結盟，成爲日本可以打贏日俄戰爭的奧援。

這場幅員遼闊、長達數十年的軍事外交競逐，在一八九〇年代還沒有結束的痕跡。在清帝國的新疆，英俄兩國也仍在持續明爭暗鬥，而年輕的馬繼業，正以不被清帝國正式承認的黑身分，與足足大他三十歲、人稱「新成吉思汗」的俄國總領事佩托拉夫斯基周旋。

凱薩琳對英俄的競逐不感興趣，對於這位新娘來說，眼前最大的難關才不是什麼俄國領事或者英國總督，而是打包跟結婚！對新郎馬繼業而言，打包行李是家常便飯，但倉促的結婚儀式不表示他輕視婚姻，對他而言，凱薩琳是這一生唯一的眞愛，她終結了他半生的孤獨、給了他一個家。從此，除了英國在中亞的利益之外，他也必須開始考慮他的家庭。

九月十七日，凱薩琳與馬繼業在倫敦郊區的教堂結婚，二十天後，離開了英國。

2 穿越漫漫黃沙

穿越絲路時貴重物品請隨身攜帶，比如老公

沒有浪漫的蜜月，這對新婚夫妻搭上火車，直奔歐亞大陸的中心。火車穿過法國、德國……進入俄國，凱薩琳發現再也沒有一個地方有她看得懂的文字，有限的法語也無法交談，成了一個徹底的外來者，語言成爲牢不可破的圍牆，考驗著這對新婚夫妻的智慧與感情。

當時的火車並不像現代火車有飲水機，到站的時候，乘客要衝下去跟月臺上的小販買開水，要開車的時候再衝回車廂。現場的狀況很混亂，如果來不及上車不

知道要等多久才有下班車，所以每次買水都是一次大冒險，不過對於往來歐亞多次的馬繼業而言，這是駕輕就熟的事，在漫長的旅程中，買開水也是新婚生活中的一點調劑。當他千辛萬苦帶著熱水回來時，可愛的新婚妻子在車廂中預備好了餅乾跟茶具，她微笑著泡上一壺熱茶，兩人坐下來悠悠閒閒地啜著茶，窗外的風景緩緩變換，他們可以讀書、聊天，享受難得的清靜。

就在火車行經俄國南部的一個城市時，車速漸緩，馬繼業起身去買開水，凱薩琳留在車廂中準備泡茶。等到火車開車的鈴聲響起，緩緩啓動，凱薩琳也布置完畢，但是……

「等等，水呢？欸不對！老公呢？」

凱薩琳焦急地往車外看去，火車已經駛離車站，但老公卻無影無蹤，凱薩琳頓時腦中一片空白。原因很簡單，她完全不通俄文，最要命的是，她的護照在馬繼業身上！

即使在今日，出國旅遊的時候護照都是最重要的辨識，更何況在一片陌生的

土地上，護照上的國徽是國民唯一可以被他國迅速定位的方式，在十九世紀更是如此。

凱薩琳心急火燎，但她既不敢擅自離開車廂，又沒有辦法跟車掌之類的人溝通，那時候當然沒有廣播可以尋人，所以她腦中想的只有怎樣才能找到丈夫、如果找不到怎麼辦……所有的負能量一次湧來，讓她心中焦急卻一籌莫展。就在此時，除了火車渷槍渷槍的聲音、車廂外的俄語交談聲之外，外頭傳來了一陣低沉的歌聲，哼著一首熟悉的英國民謠，凱薩琳跳了起來，馬上衝過去敲門：「請問你是英國人嗎！」

對面車廂的門開了，一個高大魁梧、臉色紅潤、穿著格子騎裝的英國大叔叼著雪茄出現，用一口倫敦土話說：「菇涼，腫麼辣？」

凱薩琳簡直都要哭了，她趕緊告訴對方自己的狀況，大叔拍拍胸脯，表示啥都不用怕，不管是要補發護照或者處理車票之類的麻煩事，他都會幫忙到底！凱薩琳頓時覺得大叔簡直是她的好朋友了，於是兩人很高興地聊了起來。

「凱薩琳。」有人虛弱地喊了一聲，凱薩琳與大叔回頭一看，馬繼業提著水壺，冷到臉色發青、身體發抖。

原來他不是沒上車，是他跳上了最後一節車廂，跳上去後才發現，車門沒開……於是他就這樣一路提著水壺，吹著十月的寒風。一個小時之後，才有人發現他、幫他開門。我想他一路應該非常擔心妻子，但就在他拚命擠回車廂後發現……老婆很高興地在跟對面的大叔聊天。

幸好，他很快就了解凱薩琳是在跟同鄉求助。收拾停當之後，他們三人坐下來聊天，原來這位大叔跑去俄國做沙皇的馬夫，這次是要去買馬的。

大叔這種生物，最擅長的就是喇賽，於是他就這樣一路講著各種故事，逗這對新婚夫妻開心，成爲凱薩琳與馬繼業在這趟旅程中一個印象深刻的旅伴。在凱薩琳的一生中，曾經六次穿越倫敦與喀什噶爾之間的廣大土地，這個差點把老公跟護照一起弄丟的事件，成了她穿越歐亞旅程中，最重要的第一課，她學會了三件事：

自己的老公自己跟！
自己的護照自己帶！
自己的錢包自己帶！

從這天之後，她再也不讓丈夫獨自去買水，要去就兩個人一起去，然後她將護照放在身邊，以免隨時出了變故，以防萬一，同時，她身上也帶了錢。這三條鐵律，在她往後的人生中奉行不悖。

他們在裡海邊與英國大叔道別後，連忙趕到港邊搭渡輪，裡海其實不是海，是世界上最大的內陸湖，他們提著行李衝向船公司，卻只見一艘渡輪緩緩出海……而船公司的人對他們說：「對不起喔，下班船是三天以後！」

凱薩琳有點懊惱，但她的目光隨即被當地的樣貌吸引，中亞城市的風貌卻仍保留著突厥文化的風格。再往前走，即將深入古代帖木兒帝國的心臟地帶，在她的時代，沙皇的鐵騎已經牢牢地控制了這片遼闊無際的大地。

馬繼業並沒有多說什麼，在此後的三天裡，他們只是靜靜地享受著兩個人的時光。這位摩羯座男子有著各種奇妙的衝突，會多國語言卻非常安靜，很少講話卻又非常會寫報告，他的心思，全藏在今日大英圖書館的外交檔案中，那些對於亞洲局勢與喀什噶爾的時事觀察與外交紀錄，都顯示他身處混亂、不穩定的中國邊境，試圖找到平衡。

就在馬繼業帶著他的新娘於裡海邊散步時，在中央歐亞的中心地帶，俄國仍在逐步進逼，一方面收買當地的中國商人來挫敗英國與其他國家在中亞的活動。另一方面，也透過新疆複雜的族群關係，操作邊界上的各種衝突。今日東突厥斯坦的獨立運動，與俄國在大博奕時代的鼓動隱隱相連。

而中國的地方官幾乎退無可退，科舉出身的官員們與他們統治的異民族很難溝通，又無法坐視百姓向俄國求援，屬於英國的印度商人，與俄國轄管的中亞商人或依附其下的人們，在中國邊界也屢屢發生衝突，中國官員要怎麼管？或者不管？都

是爲難。

> **道臺[1]的膽怯與俄國領事的傲慢，形成了令人痛苦的對比，即使是老百姓也看得出來，這些印象顯示了中國終究要受俄國控制。**

就在馬繼業幾個月前準備從喀什噶爾返國之前，他如此寫信回報英屬印度政府。

他的報告引起了印度事務大臣的注意，大臣回報英國的內閣，希望英國重視喀什噶爾外交前線的角力，並建議英國對中國施壓，讓馬繼業可以正式以領事的身分在喀什噶爾服務。

英國的外交部認可了馬繼業的努力，也認爲在喀什噶爾設立領事館是有必要的，但他們告訴印度方面，問題並不在中國政府，眞正的難關是俄國。喀什噶爾的俄國領事手眼通天，他擁有俄國駐華大使館的支持之外，可能直接承命於聖彼得堡的軍事部與外交部。爲了避免與俄國的全面衝突，英國擱置了設置領事館的提議。

馬繼業就在這樣的局勢下，離開喀什噶爾、返鄉娶妻。

在一片湛藍的裡海上，帶著鹹味的風，吹起海面波濤，馬繼業或許不得不感慨，他愉快的新婚生活，通向無比痛苦的外交地獄。而他唯一能告訴凱薩琳的，只有在碧海藍天的那一頭，有一連串的綠洲與險峻的山嶺，還有一個叫秦尼巴赫的地方，那裡花草扶疏、瓜果香甜，是他在喀什噶爾替她預備的家園……

在那裡，男人們的戰爭即將展開，而菜鳥新娘，也將投入女人的戰場。

1 道員之別稱。明清時期的地方政府官職之一，是省（巡撫、總督）與府（知府）之間的地方長官。

想像一下深藍色的廣大內陸海上，太陽在另一頭沉下去，西方黑漆漆的山巒之上一片火紅，接著是鮮豔的濃紫，一路暈上天空，直到如海一般的深藍。與其呼應，岸上有熊熊烈燄燃起，從遠方的油田一路汨出來的原油在地表蜿蜒成流，火焰也如影隨形，黑、紅、紫、藍等濃烈的顏色在同一時間綻開，像一場煙火。

在另一邊的海岸上，微弱的月光映著光禿禿的白色岩石，一個漁夫扛著一尾巨大鱘魚緩緩走過，魚的尾巴拖在地上，魚鱗一閃一閃，如海上的粼粼波光。

凱薩琳站在穿越裡海的渡輪上，目睹了這場自然形成的聲光秀，即使海上瀰漫著濃濃的石油味、渡輪又晃得她頭暈，也不能減損眼前這番壯闊絢麗的景象帶給她的震撼。

渡過裡海後，她與丈夫馬繼業很順利地搭上了以石油爲動力的火車，在火車上有美味的鱘魚和魚子醬，也還算舒適，車窗外卻是一片乾涸的滾滾荒漠。在這列平緩的火車上，凱薩琳或許會從馬繼業口中知道這個地方的過往。

在他們的時代，「絲綢之路」是個才二十年左右的新詞，而他們行經的這條路，正是絲綢之路的西線，在中世紀阿拉伯帝國強盛時，曾有許多位總督越過這片沙漠，揮師東征，如今，只有一隊隊被驢子牽著走的駱駝漫步其中。

廣大的沙漠在兩天之後被一彎河水截斷，這條在古代文獻中被稱爲烏滸水、嬀水的河流，如今叫做阿姆河，是中亞最長的河流。火車過了阿姆河不久，順著另一條從東方流來的河流而行，孕育了中亞廣大綠洲的澤拉夫善河，伴著凱薩琳夫婦進入古代帖木兒帝國、察合臺汗國與粟特諸國的領土。

他們的鐵路之行在撒馬爾罕暫時中止，原因在於中亞鐵路的東端才剛修好，要繼續往前需要得到許可。廣闊的中央亞細亞是個由內陸湖、沙漠、草原、綠洲與高山組成的區域，這片看似平靜、純樸的國度，其實是各國勢力競逐的中心，暗殺、陰謀、刺探、軍事等手段，在這裡層出不窮。所有來自歐洲的旅人都很容易被疑心另有目的，這些疑慮其實也不奇怪，若不是身負任務的外交人員、密探或者探險

家，誰會沒事跑來此處呢？而俄國身為中亞大鐵路的擁有者，自然需要仔細探查，因此所有要通過鐵路東行的人，都必須經過俄國撒馬爾罕總督的允許，凱薩琳與馬繼業也不例外。

今日到撒馬爾罕旅行的旅人，仍須持當地公私單位發行的邀請函才能入境，這件事在一八九八年更是如此。在英國的中上層社會與外交場合中，人與人的相遇必須有另一個人介紹雙方才能對談，但馬繼業不認識撒馬爾罕總督、沒有介紹信，所以凱薩琳非常擔心。

不過，撒馬爾罕總督倒是對凱薩琳夫妻非常親切，當天就同意放行，而且主動表示自己的女兒即將乘同一條鐵路與女婿會合，所以總督千金的高級車廂可以載他們一程。這讓凱薩琳非常高興，她馬上就覺得總督眞是個好大叔！在後來的回憶錄裡對總督讚譽有加。

因為要等總督千金，所以凱薩琳與馬繼業在撒馬爾罕待了幾天觀光。在當時，撒馬爾罕就已經吸引了不少歐洲探險家，留下不少照片，從這些照片裡，我們可以想像凱薩琳與馬繼業肯定走過了比比哈努清眞寺的遺跡，這座宏偉的清眞寺在十九世紀時只剩下斷垣殘壁。

當然，他們一定會去最有名的雷吉斯坦廣場。這個廣場由三座神學院與清眞寺組成，澄藍色的天空，映著清眞寺青藍如綠松石般的穹頂，馬賽克拼貼的內外裝飾顯然來自地中海的影響，在中亞卻搭配成另一種風情。

他們手挽著手，走入雷吉斯坦的神學院，有些地方女人不能進去，但是寬闊的長廊是沒問題的，他們穿的英國皮鞋落在雷吉斯坦的百年地磚上，發出陣陣回音。清爽乾燥的穿堂風吹過凱薩琳的亞麻長裙，在風的盡頭，一棵大樹長在另一頭的神學院門口，綠蔭隨風搖擺。

撒馬爾罕是中亞最大的城市，只要有一塊夠寬的地方，就有市集。雷吉斯坦廣場的外牆就排了一排的小販。凱薩琳拉著丈夫穿過人聲鼎沸的市集，馬繼業的突厥語在這裡應該派得上用場，他們在市集上隨意地閒逛，翻看著從未見過的東西。

當然，他們也不會錯過帖木兒大帝的陵墓，這座被稱爲古爾埃米爾的建築裡，帖木兒大帝長眠於此，在他生前，撒馬爾罕是歐亞大陸的中心，他從這裡發號施令，甚至一度威脅東方的明帝國與西邊的鄂圖曼土耳其。在他死後，帝國分裂，勉強維持了一百年後，被烏茲別克汗國取代。後來，帖木兒的後裔轉進印度，建立了蒙兀兒帝國，著名的泰姬瑪哈陵就是帖木兒的子孫所興建。

在凱薩琳與馬繼業的時代，古爾埃米爾十分殘破，雖然陵墓的大門上，仍鑲嵌著精美的磁磚，但是外觀的磁磚脫落，露出土黃色的內層，其他的古蹟也大多如此。即便如此，在凱薩琳的回憶裡，她仍然好奇、歡快地觀察著這座老城裡的動靜，試圖在那些高鼻深目的輪廓中，找到歷史的痕跡。

至於馬繼業，他從來沒有留下任何關於新婚生活的紀錄，我們只能猜測，在這座既輝煌又破敗的古城中，他的心境或許與十一世紀曾在這座城市中生活的大詩人海亞姆有些相似吧？

一樹老柳、一卷詩章
一壺美酒、一點乾糧
荒野中有妳傍我歡歌
荒野便是天堂

～《魯拜集》第十二首～

幾日後，他們搭上總督千金的高級車廂，火車一路東行，到了千金要下車的時候，這節車廂就會直接卸下來，所以凱薩琳她們得換個地方，但是其他的車廂都是貨廂，人們全都擠在車廂中，沒有座位。

習慣坐高鐵、坐自強號的臺灣人，可能很難想像十九世紀的中亞火車，時速只有二十四公里，阿嬤騎機車都比它快，晃動的幅度也很大，大家都坐在地上，屁股肯定顛得很不舒服，如果此時旁邊又有帶著各種大件行李甚至活體生物的旅伴，那眞是太亂了。總之，一想到要去貨廂，凱薩琳就沮喪了起來。

後來的歲月裡，她學會了不要提早擔憂，旅行是人與人的相遇，百轉千迴，不知道又在哪處相見或相助。

這趟中亞火車之旅也是如此，就在她正沮喪地搬行李時，一個在旅程中曾經跟他們打過幾次照面的俄國軍官準備下車，便告訴他們：「我的車廂可以給你們用。」

凱薩琳與馬繼業過去一看，雖然也是貨廂，但這位軍官霸占了一整節車廂，舒舒服服地弄了個吊床，還有一些地毯跟座墊，雖然比不上總督千金的高級車廂，但也還是舒適多了。他們後來聽說這班車上還有另一個英國人，於是又去把這位同胞撈出來，共享這節車廂。

十九世紀的中亞火車是非常不準時的，除了車速慢之外，也因爲這班車上還掛了一節販賣部，所以每到一站，就有當地人要來買東西，當然還有人會買開水、點心，甚至是跟沒見過的陌生人聊天。火車要等所有人都買到滿意、聊到開心才會開車，所以當然會一直誤點，最後甚至誤點了二十四小時，這在現代是無法想像的事。

這班火車就像一列大型的遠足，然而，更像遠足的事還在後頭，因爲這班車很常出狀況，出了問題就要停下來，每到此時，所有旅客就會跳下車廂，歡樂地奔向鐵道兩旁的草地，採摘野花、追逐玩耍。等到要開車的汽笛聲一響，大家再趕快以

跑百米的速度衝回車廂。

這是在臺灣的我們無法想像的場景，但是凱薩琳與馬繼業捨棄英國人的矜持，也加入了這場遠足。秋天的費爾干納盆地，秋高氣爽，再過幾日，北方的冷鋒就要南下，眼前的一切就會迅速凋萎，變成一片荒蕪而冷酷的大地，因此，再怎麼享樂也理所當然。

凱薩琳在很久之後，也因爲丈夫的關係知道了許多關於古代中國的事，她或許會想起此時經過的這塊被稱爲「大宛國」的土地，兩千年的漢武帝就爲了爭奪這裡的汗血寶馬而發起戰爭，但是在十九世紀時，費爾干納已經不再倚靠汗血寶馬作爲交通的主要工具，取而代之的，是俄國下令修築的中亞大鐵路，這是一條沙俄帝國意欲控制歐亞大陸的重要幹道，透過鐵路，可以迅速地調配人力與物資到中亞的各個地方。

火車一路向東，天色漸暗，凱薩琳、馬繼業與他們撿到的英國同胞正要就寢……

「碰！」一陣巨大的撞擊聲伴隨著冷風吹進車廂，幾個高大的男人配著武器衝進來，嚇得凱薩琳花容失色！

凱薩琳腦中的小劇場又冒出各種危險，對方會不會把他們殺掉呢？還是綁走？還是有的綁走有的殺掉？凱薩琳嚇得直發抖。

大概幾分鐘之後，凱薩琳就發現又是自己沒事瞎操心，這幾個人只是跟她丈夫之前一樣，被鎖在車廂外，就一路爬到他們這節來，而且根本不管他們，倒地就睡。

十月的中亞，日夜溫差很大，白天還是陽光燦爛、野花盛開，到了夜間，滿天繁星、一地被月光照耀得閃閃發亮的冰霜，從車外緩緩閃過。凱薩琳睡在吊床上，她側過頭，她的丈夫在幽微的光影中，安然入睡，她其實不知道這張臉底下藏著多少祕密。

馬繼業兀自沉睡，這是他第三次穿越歐亞，他非常清楚在前方有哪些難處，對

他而言，困難也如前方連綿不絕的山嶺一般，好像永遠不會結束。在俄國人眼裡，他是情報頭子、事事插手的麻煩精。在新疆的清政府官員看來，他是個虛情假意想在中國分一杯羹、又不能不勉強敷衍著以制約俄國的混血兒，畢竟他老爹馬格里可說是中國駐英大使館的地下大使、在北京也使得上力。

但是對馬繼業而言，馬格里的人脈並不是可以無限提取的人情提款機，總得留到不得已時才能使出。從二十四歲被派到喀什噶爾，他逐步建立了自己的信息體系，他清查過所有在喀什噶爾方圓百里之內的英國與英屬印度、緬甸僑民，盡量置於自己的體系之內，在喀什噶爾周邊的風吹草動都逃不過他的耳目。

他操作著這個複雜而精巧的體系，一方面向上管理遠在印度、北京的外交官們，一方面用情報、信息控制著俄國與中國的官員，不停地在妥協、交涉與進逼之間遊走。稍一不慎，他就很可能被逐出中國，在英屬印度政府裡，他也沒有太多可靠的後援。

在喀什噶爾的住所秦尼巴赫，他養了一些不太正常的寵物，像是鹿、野羊、狐狸、狼跟豹……儼然是個小型動物園，這些野性十足的動物，或許象徵著他極力壓抑的自我。這些動物很可能跟他一樣，都是被其他人送到喀什噶爾的，只是動物們是禮物，而他卻是炮灰。

到底馬繼業眞實的面目是什麼樣子？凱薩琳到此時也還不清楚，她翻過身，火車上的男人們在另一頭呼呼大睡，鼾聲四起。在英國，一個好人家的小姐，絕不會跟一群男人一起待在同一個車廂，大家躺得橫七豎八。

「我媽如果看到我這個樣子，會怎麼說呢？」敵不住睡意，凱薩琳終於睡去。

火車緩緩地前進，在她睜開眼睛之前，她的中亞大鐵路之旅就要畫上句點。接下來，連一座一千公尺的山都沒爬過的她，即將挑戰生理與心理的極限，爬上平均海拔超過三千公尺的天山山脈！

翻越天山，進入中國突厥斯坦

一列黑黝黝的火車，在凌晨朦朧的星光中，駛進安集延的車站，這是一八九八年時，中亞大鐵路的終點。但是，如果我們能從空中鳥瞰，會發現這條鐵路還在往前延伸，如同沙俄帝國對於中亞的渴望，正在一點點地朝他們所謂的「中國突厥斯坦」[1]前進。

火車慢慢降速，不久，伴隨著尖銳的煞車聲響與沉重的「匡啷」聲，車廂中此起彼落地發出睡意濃重、不同語言的抱怨聲，在其中一列車廂中，一個男人用英語說：「親愛的，到站了。」

昏暗的光線中，車廂裡的人們三三兩兩地提著行李，走下月臺、踏上結著霜的大地，凱薩琳忍著寒意、痠痛與低落的心情，帶著行李走下火車。她的丈夫已經雇了幾個當地人幫忙拿行李，他們便隨著這些人走向當地旅店，挽著丈夫的手，凱薩琳有點不安。

據她所知，馬繼業在喀什噶爾的僕人應該在安集延與他們會合，然後護送他們一路翻過天山、進入帕米爾高原間的谷地，但是那兩個僕人不見蹤影，他們夫妻要怎樣才能去喀什噶爾呢？凱薩琳正煩惱著，無意間，她回頭遠望，月光疲弱地懸在西方的天空上，而天山雄偉的山嶺橫亙在她前方，穿過這些山脈，她已將歐洲文明遠遠拋在身後，濃縮著大英帝國風貌的水晶宮、名媛紳士來去的海德公園或者蘇格蘭老家的海灣，像是另一個宇宙了。

他們來到安集延的旅店，雖然簡陋，而且衛生條件不是很好，老闆娘會把吃剩的湯倒給下一個客人吃，但這是她搭上火車後第一次有機會可以梳洗更衣，從離開

1 中國突厥斯坦：突厥斯坦的意思是「突厥人的地方、土地」，更精確地說，是「使用突厥語的人們所居住的地方」，用以稱呼所有使用突厥語系語言的地區。約略是西起土耳其、東至今日的中國新疆之間的歐亞大陸，其中牽涉的族群、語言與國家相當複雜，在中國疆域內的部分，稱為東突厥斯坦或者中國突厥斯坦。

撒馬爾罕後，她已經有好幾天沒換衣服了。精神好一些之後，他們猜想僕人記錯了時間，因此，下班列車一抵達，他們就跑去車站等著，看看僕人會不會找到他們。

找到僕人後，大家迅速整隊，馬繼業與凱薩琳在僕從的協助下，把行李放上郵車，準備前往天山山脈下的奧什。郵車其實就是運送郵件包裹與人的馬車，當時並不是同一批馬跑到終點，會在中途的驛站換馬，以節省畜力，驛站也兼營餐廳或旅館，讓往來的旅人可以休息。

設立這個系統並不是個人就可以完成的事，凱薩琳走的這條路由俄國所經營，這條路運送的不只是一般的旅客，也是傳遞軍事、政治、外交消息的要道，簡單說，這是俄國從遠方的聖彼得堡對中亞發號施令的神經傳導系統。

當然，凱薩琳並沒有想這麼多，除了塵土很多之外，她其實滿喜歡這條路的，一方面是郵車有溫暖的毯子、高高的枕頭，坐上去很穩當，另外，就是驛站的食物還不錯！她雖然不太喜歡俄式黑麵包微酸紮實的口感，但奶油可以彌補一切，配上一打的水煮蛋，其實就沒那麼糟了。

此外，她逐漸愛上了俄國喝茶的方式，與她在英國時用瓷杯、加糖、加牛奶的喝茶習慣不同，俄國人會在紅茶裡放上幾片新鮮的檸檬，如果沒有檸檬片，他們也有可能加果醬，或者其他口味的果汁，然後放在玻璃杯裡送上來。

如果我們換成今日的菜單，我想看起來也會非常不錯：

天馬小棧友善環境小農下午茶

有機裸麥俄式列巴黑麵包

佐手工現製鮮奶油

天山冷泉現煮生鮮活力蛋

俄羅斯風味檸香果粒茶

奧什在凱薩琳的時代只是個小鎮，現在已經是個五十萬人口的城市，不過，城市中種植著刺槐樹的傳統似乎沒變。在遠處的山脈，就是帕米爾高原。

他們在一整天的奔波後，在夜間來到奧什，他們要在這裡待上幾天，準備駄隊翻越天山。奧什是個俄國人建造的小鎮，街道很寬，兩旁種著刺槐樹，天山的雪水從遠處奔流而下，在奧什分成許多清澈的小溪，原木修的小橋跨在其上，雖然是個城鎮，卻能感受到山中的清爽。

馬繼業在這裡有個俄國朋友，他安排馬繼業夫妻住在軍官招待所，還派了個人聽候差遣。凱薩琳也隨丈夫到這位軍官家作客，軍官一家熱情地招待他們，雖然凱薩琳一句俄文也不會說，但她還是感受到了這對俄國夫妻的熱情。她拚命地微笑著，而馬繼業跟對方說了幾句話之後，這對俄國夫妻連忙起身，搬來一架小風琴。

「我跟他們說妳會唱歌，他們說希望妳唱一首歌。」馬繼業說。他似乎很喜歡凱薩琳的歌聲，後來的人生中，他如果向別人介紹妻子，總要介紹她的歌唱才華。

凱薩琳不好推卻，坐在風琴前面，那是個週日的下午，奧什的風從天山上下來，吹過山上的野蔥、吹過刺槐樹、吹過俄國家庭的窗簾，拂到凱薩琳臉上，似乎是天國的鼓勵。身為一個虔誠的蘇格蘭長老教會信徒，凱薩琳一生都帶著長老會教育出來的堅毅與勇敢，在這個遠離上帝的地方、異教的國度中，唱著錫安山的歌。

唱完了歌，大家都很高興，在他們要離去時，俄國軍官夫妻告訴馬繼業，他們其實用不上這架風琴，他們願意割愛。馬繼業看向凱薩琳，她顯然非常喜歡這架風琴，她說：「這可以給我的那架小鋼琴伴奏。」

於是，馬繼業買下了這架風琴，命人把它放在行李中。他們度過這個愉快的週日之後，就要開始翻越天山，這段山路要走十六天，一路上可補給的地方不多，所以得帶足糧食。此外，還有帳篷、鋪蓋、鍋碗瓢盆、馬料、風琴跟其他行李。他們原先雇了八匹馬，但要帶上風琴就有點吃力了，是要勉強馬去馱風琴呢？把風琴拆開？還是要雇犛牛？大家一陣吵鬧不休。

凱薩琳非常頭痛，她完全不知道怎麼辦才好，馬繼業的這些部下其實都是英屬印度的僑民或喀什噶爾的中國人，他們用印地語溝通，凱薩琳完全聽不懂也無法介入任何討論。

此時，馬繼業說了一句話，凱薩琳發現這句話在處理印度人的紛爭時非常有

用，各位讀者或許也應該學起來。「Bundobast karo！（快搞定）」馬繼業說。其他人再也不吵了，很快弄來一頭毛茸茸的犛牛，把風琴架好。又有人牽來騎乘的馬，要凱薩琳上馬去。

在英國的上層社會，小姐們雖然也騎馬，但在一戰之前，大部分女性都是側坐在馬上的。凱薩琳的家庭並沒有富有到可以養匹馬來玩玩，所以她不但沒騎過馬，而且第一次騎馬就要爬山，眞是個瘋狂的挑戰。山路非常危險，側坐一有閃失眞的會出人命。凱薩琳的第一個困難，就是要把腿跨過馬鞍，她的馬鞍前後翹起、後方放著一卷毯子護腰，她在翻鞍的時候就是無法把腿跨過去，甚至差點倒栽蔥、整個人從馬背上滾下來。

正常人弄得這麼灰頭土臉應該很氣餒，但她卻無法控制地笑了起來。最後，在衆人的幫忙下，終於把這位英國新娘塞進了馬鞍。犛牛打頭陣、接著是八九匹行李馬，然後才是馬繼業夫妻與他們的僕從。

在天山山脈上騎馬，一旁是連綿不絕的雪山，下方是暗綠色的谷地，感覺是個超級帥氣的場景，凱薩琳一開始也覺得自己帥得要命，她或許還想：「全英國沒有多少人像我一樣經過這裡呢！連女王陛下都沒來過唷！」

不過一個小時後，她就後悔了，因爲她發現整條腿都已麻痺，而且全身的知覺只剩下痠痛，骨頭都要散了。但她能做的只有無助地跨坐在馬鞍上，隨著隊伍緩慢前進。走了六個小時，他們來到一個俄國驛站，凱薩琳已經動彈不得了，在僕從的幫忙下，馬繼業把已經石化的凱薩琳搬進驛站的房間後，就出去監督著卸行李。

在深深的孤單與身體的痛苦中，凱薩琳忍不住思念起遠方的爸爸媽媽跟一大家子熱熱鬧鬧的親戚，她覺得自己是世界上最痛苦的人，這樣的日子還要過半個月……好想死呀……她用被子蒙住頭，傷心地哭了。

隔天清晨，當凱薩琳起身穿衣服的時候，那種想死的心更加明顯了，馬鞍簡直就是一個嘲笑她的存在，但她依然勉力地翻過去，繼續上路。

人是很奇怪的，當你做好了最壞的打算，反而事情會慢慢往好的方向發展，也可能因爲她才二十一歲，年輕力壯恢復得快。在這一天結束時，凱薩琳雖然還是很累，卻發現其實沒有那麼難受，隨後的幾天，她一點點適應了馬背上的生活，當她從灰暗痛苦的思鄉病中抬起頭時，赫然發現自己走在景色壯麗的山谷中。

這條路似乎永遠沒有盡頭，他們在十月的河灘地中折返來去，有時怪石參天，有時只是一片起伏高低的草地間，一彎山泉蜿蜒而過，河水靜靜地流過馬蹄。天山的河流變化多端，在此處只是淺淺清泉，再往前走，卻是深及馬背的急流，他們在中途雇了幾個牧民、換乘駱駝，讓馬與犛牛先行游泳渡河，而牧民們單騎雙載，把人送過去。

凱薩琳又遇到了第二個難關：駱駝！

駱駝是一種智商不是很高、但個性很機車的動物，不爽的時候還會吐出胃袋跟呸你口水，非常噁心而且很臭。牧民嚮導叫駱駝坐下，自己先爬上去之後，要凱薩琳翻上來，但只要凱薩琳一動，駱駝就會轉過來咬她，她只好先繞去旁邊假裝沒事，趁著駱駝不注意的時候再衝過去翻身跳上去。

嚮導一抽駱駝，駱駝站起身來，凱薩琳才知道駱駝站起來有這麼高，而且坐在駱駝身上非常晃，他們一步步往河中前進，湍急的水流正沖刷著河岸的泥沙，從上游沖下來的砂石與樹枝在駱駝旁邊轉來轉去。

凱薩琳與她的嚮導只好一起祈禱起來，一個向上帝禱告、一個祈求真主保佑，他們一步步前進，凱薩琳把嚮導抓得死死，雖然知道這樣會讓嚮導不好行動、雖然聽見後面的馬繼業說：「不要把他抓太緊啊！」但她也只能緊抓著嚮導。

沙啦一聲，前方的河岸竟然被河水沖垮了，如果再不跳上去，連人帶駝都會一起沖走，於是嚮導大力地催促著駱駝，同時把駱駝的轡繩往岸上拋，在岸上人們的幫助下，拖著駱駝往前進。接著嚮導抓住凱薩琳的手，把她從後方拖到前方，大聲一喝，駱駝跳了起來，幾乎呈現九十度直立的狀態下，跳上了河岸。

驚魂未定的凱薩琳，全身濕答答地坐在河邊，隨後趕到的馬繼業，也完全驚呆

了。第一次翻越天山就遇到這麼驚險的場面，從那之後，凱薩琳的生存意志變得無比強烈。

走了五天之後，他們來到海拔近四千公尺的鐵列克山口，這是這段天山山脈唯一的缺口，他們在山腳下的旅店休息了一夜，暴風雪在山上呼嘯，雪下得超大，凱薩琳縮在火爐旁邊，捧著一杯熱茶，擔心不知要等多久。

上帝還是滿眷顧她的，隔天清晨，暴風雪就停了，燦爛的陽光與晴朗的天空顯示了這一路會無風無雪。然而，高山上的晴天也有危險：雪盲。積雪會反射出強烈刺眼的光線，受刺激過度會暫時地失明，同時光線也會灼傷臉部。而且，所有人都飽受高山症之苦，走一步都頭痛欲裂，有些人必須一直吃雪來減輕痛苦。

雪山在照片上看來是純潔無害的美景，但是行走其中的人，感覺到的卻是一片死寂，這個安靜的世界裡，只有人跟馬粗重的呼吸聲。凱薩琳與嚮導一組，努力地爬上被風侵削得如刀鋒一般的山頂，她以爲應該迎來的是一片白茫茫的恐怖，但是，當她舉目一望時，終於懂得了這趟旅程的艱辛所爲何來。

眼前這一片橫亙世界中心的山嶺，陽光在雪亮的群山之間閃耀如萬千明鏡，在另一側的山側，落下藍色的陰影，從這裡放射出去的山脈，貫穿了半個亞洲。

在凱薩琳之前，可能沒有其他英國女性曾經眼見這片奇景。雙魚座的凱薩琳年輕時眞的非常浪漫，她很想跟丈夫分享心中的喜悅，不過山頂非常狹窄，容不下所有人，凱薩琳只好用很貧乏的印地語跟嚮導說：「多麼美麗呀？」

「啥東西美麗喇～」嚮導很煞風景地回答，因爲頭痛得要死，完全不想多搭理她，逕自往前走，凱薩琳也只好摸摸鼻子跟著走下去。越往前走，她發現由於水氣慢慢被隔絕，因此，鐵列克山靠中國的那一側，越顯貧瘠、荒涼，只有山上留下的雪水隨著他們一路流下、直到他們的終點：喀什噶爾。

下山之後，路就沒有那麼難走了，大家的心情都輕鬆很多，一路上，凱薩琳就聽著馬繼業給她上地理課，這些河流會流到哪裡、最後變成什麼樣，馬繼業也告訴她，他們經過的天山，在中國的古籍中稱爲「蔥嶺」，因爲山上到處都是野蔥……

就這樣，他們經過了俄國的海關、中國的哨所，在一處寬闊的山谷中紮營，渡過他們在這趟旅程的最後一夜。

凱薩琳受到了這些牧民家庭友好的招待，在柔軟的草原上，高興地跟一些小犛牛、小馬玩耍，直到牠們不得不回家吃奶，而她也要回到帳篷休息。對她而言，這是這趟旅程中一個完美的句點。「天蒼蒼、野茫茫，風吹草低見牛羊」是個更符合一位英國年輕女子想像中的中亞生活，或許對臺灣的讀者而言，也是如此。

然而，馬繼業所身處的環境，並沒有那麼簡單，在他二十四到二十八歲之間，爲了清查在新疆有多少英國僑民（主要來自英屬印度，英國本土的人很醒目，很容易就知道在哪），曾單槍匹馬在南疆的綠洲城市之間穿行。也爲了國界和貿易的問題，在喀什噶爾到南疆之間跑來跑去。

他沒有高強的武功、不是軍旅出身，能夠在新疆自由來去的傍身絕技，唯有幾乎隱形的安靜與細密籌劃的信息網絡。他深諳中國官場與民間的各種禁忌，也理解各個族群之間的糾葛，在他看來，中國與俄國的官方單位都不值得信任，當他帶著新娘接近喀什噶爾時，他優先考慮的是夫妻二人的安全問題，所以他並沒有在中國的哨所停留太久，而這些牧民對他比較友善，有些部落中的長老，也向他通報消息，所以在牧民區他是相對安全的。

越來越靠近喀什噶爾，凱薩琳的心情也越顯輕鬆，她知道在前方有一個嶄新的世界正在等著她入住。但是馬繼業卻很明白，當他踏出這塊草原，就是上了戰場，凱薩琳的存在提醒著他，喀什噶爾的安危已經與他最親愛的人緊緊相連。

秦尼巴赫就在眼前，英國新娘的最後一哩路，又要面對什麼奇觀？

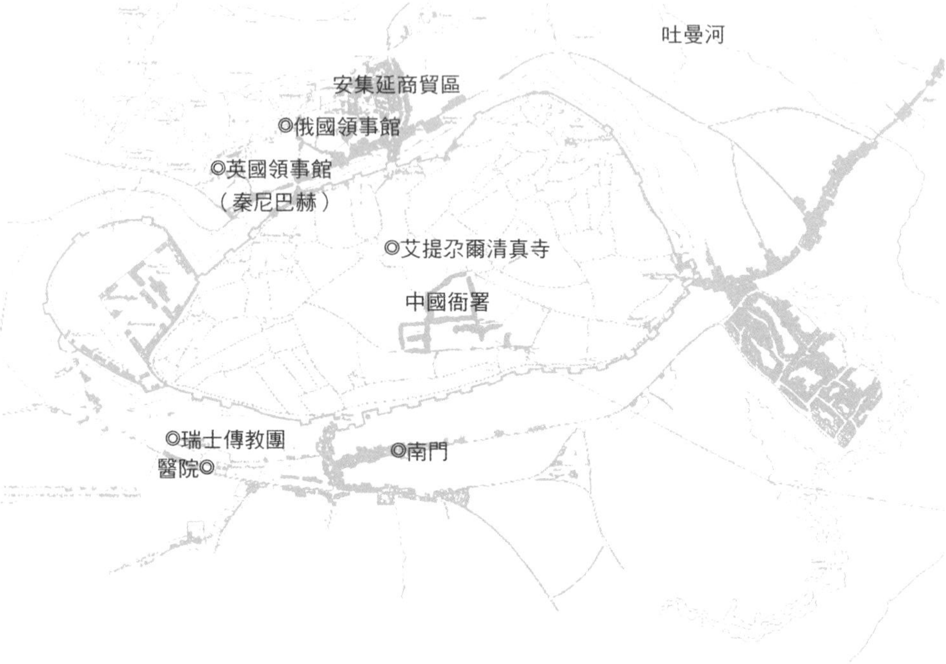
吐曼河
安集延商貿區
◎俄國領事館
◎英國領事館
（秦尼巴赫）
◎艾提尕爾清真寺
中國衙署
◎瑞士傳教團
醫院◎
◎南門

喀什噶爾城市簡圖

3 在秦尼巴赫的那些日子

凱薩琳從睡夢中轉醒，還沒有睜開眼睛，就先嘆了口氣。接下來又是什麼樣的路呢？應該又是馬上顛簸一整天吧？一想到就不想醒啊……她有點想念倫敦家裡的床，雖然家裡人口衆多，她能分到的只是窄窄的單人床，但總比睡在地上強啊……

「欸，不對……今天的地上爲什麼有彈性？」凱薩琳坐起身來，晨光從沒有窗紙或玻璃的天窗裡透進來，落在她的被子上，照亮了她身邊還在睡的馬繼業，最重要的，是他們身下的彈簧床！

凱薩琳滿意地點點頭，這是她從奧什出發的十六天來，第一次睡在舒舒服服的彈簧床上，是馬繼業在回國前跟一對俄國軍官夫妻買的。她躺回去繼續睡，舒服地滾了滾，今天是快樂的懶惰日，爲什麼呢？因爲她終於到了秦尼巴赫啦！

大約是一八九八年的十月底，凱薩琳與丈夫抵達喀什噶爾，距離他們從英國啓程已經過了六週。進入喀什噶爾的最後一天路程，凱薩琳其實沒看到太多城裡的狀

況，因爲認識馬繼業的人或者聽說他要帶老婆回來的人，都跑到路上圍觀，所以她只看到一團一團的人。

爲什麼當時的人會這麼無聊呢？因爲那時候的喀什噶爾並沒有太多歐洲人，民衆比較熟悉的就是俄國的外交官與哥薩克騎兵，他們大多帶著妻子，另外，還有一位荷蘭籍的天主教神父，跟幾對瑞典來的基督教傳教士夫妻。

馬繼業在喀什噶爾待了近十年，卻一直單身。在這個人們平均十幾歲就結婚的城市裡，完全是個超級剩男。因此，當他一八九六年休假回來告訴大家他訂婚了，然後花了兩年時間置辦各種東西準備成家，一八九八年的夏天，又休了幾個月的假殺回英國娶妻，大家當然想來看看他是不是眞的帶了新娘回來。

然而，第一波來歡迎他們的人，卻是俄國總領事派來的馬車與哥薩克騎兵，還送了一大塊玻璃窗作爲新婚禮物。這看似友好的舉動，始於幾年前新疆發生的動亂，爲了自保，原先處處排擠英國的俄國總領事主動修好，要求與馬繼業互通消息，兩人才又開始說話、一起吃飯，但每次吃飯其實都在刺探彼此的情形。這段爾虞我詐的時期，其實隱藏著俄國勢力的增長，在馬繼業第二次休假前後，俄國已經準備好在喀什噶爾設立銀行，並布下了修築安集延到喀什噶爾道路的計畫。換言之，俄國的勢力可以一路順著馬繼業與凱薩琳來時的路，直通清帝國的邊界大門。

俄國的友好只是欺敵之術，馬繼業明知是無謂的小惠，卻昂然吞之，他帶著凱薩琳堂而皇之坐上俄國的馬車，一路與喀什噶爾的朋友們打招呼後，熱熱鬧鬧地來到秦尼巴赫門口。在秦尼巴赫，來自英屬印度的雇員和僕從們用中國與印度的風俗，裝飾了一大堆鮮紅色的布幔，簡直閃瞎人眼。同時，他們也排成了一列歡迎秦尼巴赫的女主人，他們手中拿著一些盧布，像是要送給凱薩琳。

「欸？這要給我嗎？好喔。」凱薩琳心想，她正要伸手，卻見馬繼業眉頭一皺：「怎樣？不能拿嗎？」

馬繼業沒有說話，只是示意她碰一下就好，於是凱薩琳碰了一下，就繼續往前走，馬繼業小小聲地說：「他們是用奉獻的方式表達對妳的尊重，不是要給妳錢啦……」

誰知道啊！凱薩琳的表情一定很僵，但是她回頭看去，也確實感覺到大家對她的好奇跟善意，她說：「早知道我就應該先梳洗一下再進來……」

是的，因為路上灰塵太多，她蓬鬆的頭髮更是蓬亂毛躁，身上臉上也是一堆塵土，看起來一點都不高貴……讓她有點懊惱。

馬繼業微微一笑，帶著她繼續往前走，在前面的會客室裡，他的好朋友、秦尼巴赫的建築師、瑞典傳教士豪格伯格夫婦正在等他們，豪格伯格夫婦都會說英文，而且準備了英式的點心，在漫長而艱苦的六個禮拜橫跨歐亞的旅行後，能坐下來喝杯茶、吃點心，對凱薩琳而言，再好不過了。

這是她第一天的秦尼巴赫生活，她沒有力氣再多逛哪裡，梳洗之後，就在彈簧床上睡死了。

凱薩琳的新家

當凱薩琳第一次從秦尼巴赫的床上醒來，她下了床，梳洗乾淨，走出房門。

「什麼！這是要嚇死誰！」凱薩琳大吃一驚，經過這六週，她原本以爲自己應該很鎮定了，但是臥房外面的景物幾乎嚇掉她半條命。臥房外大概不到兩公尺的距離，就是峭壁！而且是個很高的峭壁，不小心摔出去會出人命的！到底誰會把房子建在這種地方！

答案是蒙古人，秦尼巴赫是十三至十五世紀時一個蒙古王公的別墅，荒廢之後，當地人都傳說它鬧鬼，所以當馬繼業一八八九年來到喀什噶爾時，就被中國的官員打發到這裡來，距離喀什噶爾眞正的市中心有一點距離。十年來，他與他的朋友、部屬、僕從們一起，用土法煉鋼的方式，一點一點把秦尼巴赫蓋到堪住的程度。

收拾起一開始的驚訝後，凱薩琳大起膽子再次往西方看去，乾燥的風從遠方吹

來，晴天的時候，可以看見白雪靄靄的山嶺。馬繼業差不多起床了，穿好衣服，準備開始導覽他們的新家。

峭壁下方有一條路，常常有行人走過，過了那條路，是連綿的農地。新疆的土地不是只種哈密瓜，也有水稻或棉花這些經濟作物，但是十月已經長不出作物來了，乾燥的土地上泛著一層白白的粉末，看起來很蕭條。

農田附近有一塊三角形、用土牆圍起來的地方，是俄國的公墓，會放在這裡的原因，可能跟俄國早年的領事館也在這附近有關係。公墓後方就是克孜爾河，河邊的人們或是在放馬、或是打水，在河對岸，一些染坊正在工作，長長的布匹在河裡漂洗，浸出不同的顏色。水流的動力也被用在磨坊的工作上，人們載著小麥來到河邊，把麥子磨成麵粉。

在這些喧鬧著生活的人們後方，是高低不平的土坡，再後方是樹林，遠離河流的地方，就是荒漠，一直連到天山山脈之下。

馬繼業帶著凱薩琳爬上房頂，俯瞰整個喀什噶爾，喀什噶爾城區在他們的東方，分成穆斯林居住的回城與漢人居住的漢城。西方就是他們來時的天山，但凱薩琳最喜歡的卻是南方的景色，似乎是在歡迎這位新娘，當天的天氣晴朗也沒有風沙，她可以清楚地看見帕米爾高原的群山與冰河，海拔七七一九公尺的公格爾峰，傲然聳立於其中。

從屋頂上下來，凱薩琳注意到房子的側邊有一個棚架跟一堆土：「這是做什麼用的？」

「這是種葡萄的棚架，但現在要把葡萄藤埋到土裡，以免凍壞了。」馬繼業說。見凱薩琳不能理解，又連忙說：「現在是看不出來，但以後一定會長出來的，而且會結很多葡萄喔。」

園藝跟讀書是馬繼業的興趣，兩種都需要專注與耐心，很符合他的性格。他在秦尼巴赫弄了兩個花園，一部分種果樹、蔬菜等生活中用得著的作物，除了喀什噶爾本地的樹種之外，有些也被他嫁接了來自英國的品種。多虧了這些果樹，凱薩琳在往後的日子裡，有各式各樣吃不完的水果。果樹花園是在一個高臺上，走下臺階

後，就會看到其他的樹種，像是柳樹、榆樹、白楊樹或者沙棗樹。

除此之外，整個花園的邊界是一個臺地，用縷空的磚牆圍起來，在牆外種著白楊樹遮蔽外人的視線，但是在臺地上卻可以看到外面的動靜。

花園當然要解決灌溉的問題，所以花園裡有個漂亮的小池塘作爲水源，在園中鋪設了一些小水渠好灌溉其他作物。馬繼業帶著凱薩琳一路參觀，這個別緻的花園不存在中國的造景風格，完全是英國式的。有一個當地的花匠負責照料，這個花匠的個子瘦小，卻會跟植物對話，在後來的時日裡，當凱薩琳問他豌豆什麼時候長出來，花匠就會告訴她：「它們說明天就會出來囉！」隔日，豌豆果然就冒出頭來。

在馬繼業夫妻居住和辦公的主建築之外，還有印度跟中國籍的祕書、醫官、僕人與其家眷居住的院子，另外就是大門跟接待室，雖然凱薩琳覺得還算舒適，但整個秦尼巴赫基本上就是一個小型的堡壘，在外人看來，這個堡壘裡鎖著英國人的祕密。

從新娘成為一位外交官之妻

外交官的妻子也肩負著外交的責任，凱薩琳剛到秦尼巴赫就馬上接受了來自不同文化的洗禮。她先去拜訪了可以通英文的瑞典傳教團，很快就跟他們混熟了，此後成了終生的朋友。

另外有一位荷蘭的天主教神父，他被放逐到新疆，原先跟馬繼業一起住在秦尼巴赫，是他的眼線跟傳聲筒，也是很重要的心靈導師。神父在馬繼業結婚後搬出秦尼巴赫，他是個語言天才，後來成了凱薩琳的法文老師，他們的友情直到神父去世才告終。

她的第一位中國客人是喀什噶爾的副將楊大人，這位楊大人跟馬繼業是老熟人，馬繼業也去過他家拜訪，因此，當楊大人坐著轎子敲鑼打鼓地穿過城市，來到秦尼巴赫時，馬繼業早已恭候大駕。兩人一見面，就先半蹲下身，作揖、打千。

打千，原先是旗人的風俗，到了清帝國的中晚期已經是官場的常俗，因此，即

使這是位漢將，也依然以打千爲禮。而馬繼業從小生活在南京、而後又在倫敦的中國大使館出入，這些清帝國的常俗，對他而言已經是生活的一部分了。

當然，對遠遠在後面看著的凱薩琳來說，只覺得奇怪：「欸？是掉了什麼東西嗎？在撈什麼？」

隨後，楊大人很親切地跟馬繼業手拉著手一起往裡走。凱薩琳更是覺得超莫名，因爲對於拘謹的英國人而言，這實在是個奇怪的舉動，她一開始以爲這是中國的風俗，後來才知道，其實中國人之間也不這樣做，但不知道是哪個環節出了問題，中國的官員覺得手拉著手是跟外國人表示親近的方式。

凱薩琳到此時才慢慢發現她丈夫的眞面目，他在不同族群的風俗之間轉換自如，而且對於每一個禮節都做得極其鄭重認眞，讓對方覺得自己備受尊重、也覺得馬繼業是可以理解自己的人。馬繼業帶著客人高高興興地往裡走，來到會客室裡，與凱薩琳相見，雖然她並不像馬繼業一樣理解這些中國習俗，但楊大人似乎不以爲意，又問能否帶妻子女兒來拜訪，凱薩琳當然馬上答應。

接著，包含了楊夫人、小姐之外，還有其他女性親戚，再帶上各人的丫鬟小孩，這一大批娘子軍就在約定的日子，浩浩蕩蕩地由楊大人帶著又往秦尼巴赫來，幾乎把凱薩琳的客廳塞爆，而擠不進客廳的人，就圍在客廳外聽裡面的人說些什麼。

凱薩琳完全不知道應該怎麼辦，她又不會說漢語，只好在送上茶之後，把大家帶去參觀秦尼巴赫，然後應觀眾要求拿出英國衣服借大家研究，雖然語言不同，但針線手藝是共通的話題。雖然大家都不知道對方在說什麼，但看起來都討論得很高興。

參觀完了秦尼巴赫，又回到客廳，凱薩琳與馬繼業注意到楊小姐看起來病厭厭的，就問她怎麼了，楊大人說：「她的腳纏得太晚，骨頭都長硬了，所以得了病。有個英國醫生跟我說，如果不幫她鬆開纏足布，讓她去戶外走走，肯定要得癆病……」

既然這樣，那把腳鬆了不就得了嗎？凱薩琳心想。在此時，這位在馬繼業的

外交報告中，總是強烈表達自己立場的副將也不免露出了天下父母心，他說：「但是，鬆了又怎麼樣呢？不纏腳，有誰要娶她呢？真愁死我了，哪條路都要叫孩子受苦。」

凱薩琳在此時並沒有多說什麼，但她後來似乎跟中國人吵過不該纏足的問題，可是人家一句話就把她頂回來了：「那妳們英國女人幹嘛要穿馬甲呢？」

馬甲在歐洲已經流行了幾百年，沙漏狀的馬甲將女性勒出前凸後翹、纖纖細腰的曲線，這樣的審美觀在今日仍然影響深遠，而凱薩琳即便離家千里，身上也免不了要穿一件，就算每天都勒得喘不過氣又不健康，但不穿就好像怪怪的，說實在的也沒比纏足好到哪去……想到這裡，凱薩琳也只能摸摸鼻子認了。

送走楊大人一家後，接著是印度籍祕書的妻子來拜訪她，在英國，除了單身女性不宜在沒有女伴的情形下單獨接待未婚男性之外，拜訪時有男有女是很正常的。但是這位印度女士出身高貴，因此，除了她的丈夫跟直系男親屬之外，不能被別的男人看到，所以馬繼業等人不能參加這次會面。

凱薩琳獨自一人等著這位女士來，才發現她包裹得只看得見眼睛，進到屋子之後才脫掉頭巾，坐了下來。兩人既不能有效溝通、又好像沒有什麼辦法，但誰都不知道應該怎麼收場，就這樣乾坐了一整個下午，直到晚飯鈴聲響了，這位印度女士隨即跳起來，趕緊走了。

等到馬繼業回家來吃飯，發現凱薩琳感覺力氣耗盡、靈魂都飄出來掛在嘴邊的樣子，問她怎麼了，知道經過後，他委婉地說：「身為女主人，妳可以給個暗示請她離開。」

「親愛的，你知道在這個什麼都顛三倒四的地方，要做件正確的事有多難嗎？」凱薩琳白他一眼，但問題是，馬繼業在這個看似沒有邏輯的地方，混得非常自然。

最後的客人，是中國籍的祕書夫婦，他們來訪之前，凱薩琳的那架小鋼琴經過千辛萬苦終於運抵喀什噶爾，但是中途被俄國人拆了包裹，所以浸了水，金屬構件上包著一層鏽、琴鍵也被水泡得發脹，凱薩琳簡直欲哭無淚。好在，瑞典人幫她把

小鋼琴修好，重新組裝，讓她可以彈奏。

當中國祕書夫婦來拜訪時，凱薩琳正在寫信，於是他們問馬繼業：「您太太是眞的能寫還是裝裝樣子？」後來，他們看到了小鋼琴，覺得很有趣，於是凱薩琳又秀了一手琴技，博得大家的掌聲。

「妳要不要唱首歌呢？」馬繼業說。凱薩琳從善如流，很認眞地唱了一首歌，完全沒有保留，簡直用盡了洪荒之力！而她的聽眾目不轉睛地看著她，感覺也非常投入。

「這絕對是超越水準的演出！」凱薩琳心想，非常得意。

當她轉頭看去，中國祕書夫妻臉上卻憋著怪異的表情，接著他們齊聲大笑起來：「噗哈哈哈哈！」

是在笑什麼啦！凱薩琳尷尬到極點，她不知道到底是歌聲的什麼地方讓他們覺得好笑，或者這是中國人表達很喜歡的方式，她也只好尷尬地陪笑。但她的自信心受到嚴重打擊，而且不只是中國祕書，其他印度人似乎也是類似的反應……但不管別人怎麼笑，她丈夫倒是一直都很欣賞妻子的歌聲。

這些就是凱薩琳在秦尼巴赫最早認識的一批人，當然，還有很多動物，後來有人送了她一對鵝跟一隻貓，這隻貓陪伴凱薩琳長達十七年的時光，以致於她的孩子們都要叫牠「喵咪阿叔」，牠死後不久，凱薩琳也永遠離開了喀什噶爾。

二十一歲的英國新娘，在經歷了六週貫穿歐亞的旅程後，終於平安到達喀什噶爾，她的新婚生活到此算是告一段落，此後，她在秦尼巴赫度過了十七年的光陰。

凱薩琳人生中最美好的時日，都留在喀什噶爾，她從初來乍到時手忙腳亂、總是搞不清楚狀況的英國新娘，慢慢調整生活方式。摸清了秦尼巴赫的事務後，開始走出這座堡壘，到喀什噶爾街上觀察人群，但她不能自己買東西，因爲她的相貌太醒目，一看到是她，小販們都會漫天開價。接著她開始隨著馬繼業外出辦公，他們有時會旅行到莎車或其他地方，在寬闊而壯麗的天地間展開她的新生活。這位從英國來的新娘，在下一次回英國時生了孩子，又帶著年幼的孩子穿越歐亞大陸回到喀

什噶爾。

凱薩琳逐漸成為一位熟練的外交官之妻，必要的時候，她也曾以非官方的身分慰問一位喪子的英國母親，告知其子在西域喪生的事。後來，由於馬繼業與英國地理學會等機構的交往，加上喀什噶爾是所有探險家的必經之地，她的身影也出現在斯文赫定（瑞典探險家）、斯坦因爵士（匈牙利人、後入籍英國）、伯希和（法國的天才學者）、曼海姆（又譯馬達漢，後來的芬蘭總統）……等人相關的紀錄中。她成為人們到喀什噶爾後必定會去拜訪的人，她的熱情、友善也在探險家們心中留下極深的印象。她與家人的名字被記錄在這些二十世紀初的重要探險報告中，照片也被收藏在大英圖書館、芬蘭國家文物典藏委員會……等機構裡。

婚後的馬繼業，在妻子的支持下做到了當時大部分正牌外交官作不到的事，他只是個外交體系的小螺絲釘，並不具有英國在其他地方的外交優勢，但是他知道自己一旦離開喀什噶爾，俄國的勢力將全面控制中亞，中國所謂的「新疆」也會成為俄國的屬地。當印度總督與印度事務大臣都告訴英國外交部，喀什噶爾勢必將屬於俄國、他們能做的只是守住山區的防線時，馬繼業仍努力地阻止俄國的擴張，他與俄國總領事佩托拉夫斯基纏鬥了整整十二年，熬到對方年邁力衰、不得不從喀什噶爾退休。

而後他又等了幾年，一九〇七年因爲英俄合約簽訂，兩國結束長達數十年的競逐，他才終於等到遲來十五年的領事職位。一九一一年，喀什噶爾領事館升格成總領事館，馬繼業也成爲第一位喀什噶爾總領事，兩年後，他受封爲爵士，並得到了一枚印度帝國二等爵級勳章，這就是他人生中最高的榮譽。

一九一四年，凱薩琳與馬繼業再次啓程回英國休假，這回她已經是三個孩子的媽，攜兒帶女走著她當年嫁到喀什噶爾的路回英國，到了歐洲才發現事情不如他們預期的那麼簡單，一戰已經爆發，德法都陷入戰爭，於是他們往北走，進入俄國，再轉瑞典，從北方回到英國。

他們原先預計把十幾歲的孩子放在英國受教育，然後凱薩琳要再度跟馬繼業

一起回到喀什噶爾，但是英國政府下了命令，不讓女性離開國境。因此，馬繼業只好獨自返回新疆，直到一九一八年退休，這就是他們四十七年婚姻生活中唯一的分離，除此之外，沒有任何力量能把她跟馬繼業隔開。

在後來的幾年中，有人說他手眼通天、喊水可結凍，但是，與他同期的外交官中，沒有一個人跟他一樣在喀什噶爾老老實實地蹲了這麼多年。在他之後的四十年間，喀什噶爾換了十三名領事，所以，也沒有人能再取得像他那樣根深蒂固的力量，他之所以在英國的外交體系中擁有對帕米爾事務的話語權，完全來自他個人的努力。

馬繼業也是近代中國史的見證者，眼見著同治中興時的湘軍將士老去，見證了中國長達兩千年的帝制走向終結，也見證著民國政府的崛起。一九一八年，他在喀什噶爾留下一個漂亮的總領事館與毫無疑問的總領事職權，隨後英國派來了他已經申請了二十八年的駐衛隊，而他如當年單身赴任一般，隻身離開秦尼巴赫，永遠離開了中國，再也沒有回頭。

以他的資歷，如果想要在外交圈繼續奮鬥，應該是沒有問題的，但是他隨即申請退休，再也沒有擔任任何公職，我想他是受夠了。馬繼業退休之後，開始參加皇家中亞研究學會、皇家地理學會等學術團體的活動，也發表了幾篇論文，算是滿活躍的會員，也就他的經驗提供了許多非常有用的建議。

晚年，馬繼業與凱薩琳落腳在英法之間的澤西島上，這裡的氣候溫暖宜人、海水碧藍，是著名的度假勝地，對於在世上最遠離海洋的地方待了多年的他們而言，是個再好不過的地方。他們再也沒有回到喀什噶爾，晚年時，凱薩琳寫下了《英國夫人在中國突厥斯坦（An English Lady In Chinese Turkestan）》一書，記錄在喀什噶爾的生活。當她回憶此生，她如此說：

我總是忘不了喀什噶爾那些夏天的傍晚，夕陽西下，美麗異常，整個大地都沐浴在金色的暮靄中。暮色越來越深，直到夕陽墜入群山之後，整個天空成為一片橘紅，夜幕完全降臨時才慢慢褪去。

天空中飄逸著花香，迴盪著蛙鳴與蟋蟀聲交織而成的音樂，遠處，市集上的人們彈奏著樂器，他們的歌聲斷斷續續地傳入耳中。就是在此時，你才能感受到鄉居生活的真諦，嚐過這等滋味，永世都不會忘記。

所有的歷史，都可能是人類選擇性留下的記憶，《英國夫人》一書，與其說是凱薩琳的回憶錄，不如說是她與馬繼業一起留下的紀錄，他們想留給世界的，不是一個充滿陰謀與詭計的喀什噶爾，而是他們再也回不去的家園。

如果從這個角度觀察《英國夫人》，就不難理解爲何在這本書的筆調如此爽朗正面。馬繼業在喀什噶爾的日子，用盡了一切的努力，檯面下的陰謀、檯面上的談判，甚至動用了所有不被他的同胞認可的方式，想盡辦法爭取自己國家的利益。他得到了爵士的封號，在政治上，他絕對有炫耀的本錢，但是，他希望留下的身影，僅只是秦尼巴赫燦爛的陽光、明媚的花園中，一個沉默得略顯笨拙的丈夫，盡心盡力地照顧著歐洲來的人們。

二戰期間，德國占領了澤西島，七十三歲的馬繼業是這座島上極少數擁有爵位、又曾是外交官的人，被抓去德國的威脅一直縈繞不去，他不得不再次重出江湖，拿出當年在喀什噶爾的手段與敵周旋，然而長年的病痛在這五年間拖垮了他的身體。

一九四五年，在德國投降前幾天，馬繼業在澤西島去世。傷心的凱薩琳搬離了他們居住的地方。在她最後的時光裡，她是否曾經懷念過喀什噶爾的蟲鳴、新疆的夕陽或那棟記錄著她歲月的秦尼巴赫？在她去世後，秦尼巴赫依然矗立，只是今日已經被中國政府出租變成餐廳，內裡也被改裝得完全認不出面貌，我們已經不可能在今日的喀什噶爾，找到任何凱薩琳曾經生活的痕跡。

拜科技之賜，在孤狗街景上，我們很快就能找到她曾經居住過的幾棟房子，像是她與馬繼業訂婚的佩瑟頓路三十五號、他們在一九〇三年返國待產時的尼爾森路十七號，或者她晚年居住的澤西島海外公寓，這些房子都還沒被拆除，依然可見當年的外觀，只是內裡已經都完全是現代的樣子，屋主也都與凱薩琳沒有任何關係。

歲月就像吹過沙漠的狂風，磨滅了大部分的痕跡，我試圖在世界各地的檔案與典藏中追尋她的蹤影，但線索實在不多。我常常想，對她而言，婚姻究竟是什麼？她在書中很少提到「愛」，我想那是因爲他們是維多利亞愛德華時代的英國人，不善於赤裸裸地表達愛情。但在他們的時代，締結婚約就是男女雙方的愛情萌芽，從她在訂婚後的諸多準備也可見得，她是有意識地準備走上婚姻這條路，也已經知道自己必將遠離家園，但她依然勇往直前。

結婚數十年內，他們遵循著當時社會的標準方式「男主外女主內」地生活，他們的婚姻生活平凡無奇，但她筆下呈現出的深情卻無法隱藏，那種「只要有他／她在，再難的事都不用擔心」的安心感躍然紙上。愛情有很多種形式，一瞬間的轟轟烈烈生死相許容易千古傳頌，但如何長久地生活下去，我想才是婚姻中最困難的事吧？

凱薩琳是十九世紀末來自歐洲的新娘，伴隨著丈夫任官而行經絲路的女性很多，但凱薩琳是極少數留下了筆記的女性，據她紀錄，在她來到喀什噶爾之後，只有三位英國女士曾經造訪，都是未婚的小姐，兩位是結伴而行的探險家與藝術家，另一位是在凱薩琳一家回國休假期間，隨著哥哥一起來代理總領事之職的。凱薩琳是秦尼巴赫的第一位女主人，在她離開之後，秦尼巴赫有過幾位總領事夫人，但她們留下的紀錄都不多，直到最後一位：黛安娜西普頓，她是一九四六到一九四八年到任的末代總領事夫人。

黛安娜的背景與英國土生土長的凱薩琳截然不同，她生長於印度，是殖民官員的女兒，在二戰期間卻回到了英國本土加入志願軍，她的婚姻始於戰火連綿之際，在一九四六年她終於與丈夫重聚、前往喀什噶爾時，這片遺世獨立的土地給了她喘息的空間，勇猛強健的她跟著丈夫勇敢地攀登各種高山。相隔了五十年的歲月，凱薩琳與黛安娜卻隱隱有著一絲連結，黛安娜顯然是凱薩琳的讀者，她甚至也曾經試圖走凱薩琳走過的路以爲致敬。但是不同時代的女性，終究有不一樣的選擇，黛安娜的愛情在戰火中綻放，卻在承平時失去了當初的依戀與吸引力，最終他們和平地

分手，仍像朋友一般地相處。在前夫去世後，她寫下了《古老的大地》來紀念喀什噶爾的歲月。

凱薩琳與黛安娜的選擇，標誌了不同時代的女性對於婚姻的選擇。對十九世紀末之後的歐洲女性而言，愛情是婚姻不可或缺的動力，也是她們一開始選擇對象的條件之一，但是在絲路漫長的時間與空間中曾有過無數新娘走過，她們對於婚姻、對於愛情又有什麼樣的想法？在喀什噶爾接待了無數探險家的凱薩琳在她生前死後都不曾想過，她竟然會成爲一個通道，無數絲路新娘的故事將從她接待過的探險家們手中被發掘出來。

凱薩琳的故事主要參考她所寫的回憶錄，馬繼業的背景主要參考Nightingale與Skrine兩位作者所撰寫的《馬繼業在喀什噶爾》一書，這本書一九七三年就已經出版，主要使用英國的檔案與書信，對於研究馬繼業的人來說，是很重要的參考著作。至於柏蘭家與馬繼業家族的聯繫與通婚關係，則由凱薩琳的曾姪孫女Janet D'Arcy 女士告知，特此致謝。

Macartney, Lady Catherine (1986), An English Lady In Chinese Turkestan. Oxford: Oxford Paperbacks. 中譯版是兩本書合譯，凱薩琳・馬噶特尼／黛安娜・西普頓，王衛平、崔延虎譯，《外交官夫人的回憶》，烏魯木齊：新疆人民出版社，2010。

Nightingale, Pamela & Skrine,C.P.(2013) , Macartney at Kashgar: New Light on British, Chinese and Russian Activities in Sinkiang, 1890-1918. London: Routledge. 另有中譯版C.P. 斯克萊茵、P.南丁格爾，賈秀慧譯，《馬繼業在喀什噶爾：1890-1918年間英國、中國和俄國在新疆活動真相》，烏魯木齊：新疆人民出版社，2013。

Boulger, Demetrius C. (2011), The Life of Sir Halliday Macartney, K.C.M.G. Cambridge: Cambridge University Press.

譯名對照

馬繼業：Sir George Macartney，1867-1945

凱薩琳：Lady Catherine Theodora Macartney，1876-1951

馬格里：Sir Halliday Macartney，1833-1906

佩托拉夫斯基：Nikolai Petrovsky，1837-1908

帖木兒大帝：Tēmōr，1336-1405

海亞姆：Omar Khayyám，1048-1122

斯坦因：Sir Aurel Stein, 1862-1943

秦尼巴赫：Chini Bagh，意為中國花園。

阿姆河：Amu Darya，是中亞地區最長的內流河，全長1415公里。

澤拉夫善河：Zarafshon River，起於帕米爾高原，匯流進入阿姆河，是古代粟特的生命之河。

比比哈努清真寺：Bibi-Khanym Mosque，興建於14-15世紀，是帖木兒大帝與王后比比哈蘭所建，是穆斯林世界知名的建築。

雷吉斯坦廣場：Registan Square，興建於15-17世紀，由三個伊斯蘭學院組成主要建築群，被認為是帖木兒王朝最重要的建築。

古爾埃米爾：Gūr-i Amīr，意為王陵。

大博奕：The Great Game，指1813年至1907之間，英俄兩國爭奪中亞的戰略衝突。

安集延：Andijon，位於今日的烏茲別克。

奧什：Osh，位於今日的吉爾吉斯。

鐵列克山口：Terek Pass，位在今日吉爾吉斯奧什州與中國新疆省的邊境。

第二卷

四到九世紀，東進中國的粟特妻子

透過凱薩琳，間接挖掘出無數絲路新娘的故事

一九〇六年，秦尼巴赫的花園裡，總領事夫人凱薩琳一面喝著茶、一面看著信，她的丈夫馬繼業走進來，告訴她即將有人來訪，是一個名叫斯坦因的探險家。他原是匈牙利人，二十出頭就已經在歐洲遊學，精通多種古代語言，後來前往英國留學後，更以卓越的語言能力成為知名的東方學家，而後又接受英國政府的任命，前往印度任職。

這並不是斯坦因第一次深入中亞探險，一九〇〇年，就在凱薩琳與馬繼業婚後幾年，斯坦因就曾組隊進入新疆的和闐等地考古，當時，他就曾經造訪秦尼巴赫，並替馬繼業拍過一張很帥的正面照。

「啊，是斯坦因先生啊，他這回來做什麼呢？」我想凱薩琳肯定會這樣問她丈夫，而她那對考古很有興趣的丈夫，也一定會說出一大堆讓她想打呵欠的回覆，但重點還是這封信中，斯坦因有事相託：「請幫忙找一個能通中文跟英文的人當助

1906年，後來成爲芬蘭總統的軍官曼海姆伴隨伯希和進行中亞探險時，馬繼業夫婦在喀什噶爾的秦尼巴赫舉行了一場小宴會來歡迎他們，最左邊站立著、手持物品的男子就是馬繼業，前排右二抱著孩子的女子則是凱薩琳，手上的嬰孩是她的次女西薇，最前面背對著鏡頭的小男孩應是她的長子艾瑞克。後方左四的男子就是法國赫赫有名的漢學家伯希和。Mannerheim, Carl Gustaf Emil, kuvaaja 1906–1908 (Suomalais-Ugrilaisen Seuran kokoelma)

手。」

「哎呀，這可難辦了，除了你，這裡還有誰能兼通中英文呢？」凱薩琳或許會這樣回答，這也是事實。但馬繼業並沒有放棄，不能兼通兩種語言，但願意交流就贏一半了。

此時，剛好馬繼業常來往的中國衙門裡，有一個官員正要離開新疆，從湖南老家帶來的師爺就失業了，馬繼業便詢問這位蔣師爺有沒有興趣打工，師爺雖然不通英文，但他並不排斥與外國人共事，一口就答應了。

一九〇六年，斯坦因再次造訪秦尼巴赫，與蔣師爺會合之後，就繼續往東前進，雖說語言不通，但斯坦因倒是很欣賞蔣師爺隨遇而安的個性，他們一路前行，沿路考古。到了一九〇七年正準備前往敦煌，在城外一個荒廢多年的烽火臺邊休息時，斯坦因走進一個小房間，一屁股坐下去，似乎壓到了什麼，他摸了摸，竟摸出一個陳舊的包裹，打開一看，裡面包著幾卷紙，紙上的文字他完全看不懂，斯坦因直覺認爲這些東西非比尋常，於是他仔細收好，等到將來有空再進行研究。

包裹中總共有八封信，這八封信中大約是在西元四世紀初時寫成，當時的中國正值西晉末年。其中有兩封信出自於同一個女人之手，這個女人名叫米薇（Miwnay），意思是「幼虎」，一封信寄給她的母親，另一封則給丈夫那奈德（Nanai-dhant），意思是「受娜娜女神[1]所造」，這就像我們會認某個神明當義父義母一樣，表示這個人的家族是娜娜女神的信徒。

當時可能有一個正要前往中亞的商旅，幾個住在敦煌一帶的人託他帶信。不過這位送信人出城沒多久，剛走到一處烽火臺，可能爲了歇腳或躲避風沙，他進入其中一個小房間中，不知爲何，粗心的送信人竟將這八封信遺落在此。信件從此深埋

---

1 娜娜女神：源於兩河流域的女神，在波斯帝國與亞歷山大帝開啟的希臘化時代傳播到中亞，有人認為她的源頭是蘇美神話中被尊為天地女王的伊南娜（在其他語言稱為伊絲塔），也有說法認為娜娜、伊南娜與伊絲塔都是同一尊神。不管如何，在兩河流域的傳說中，娜娜被父親（有月神或天空之神兩種說法）封為最高女神。祆教崛起之後，也將娜娜吸收進他們的宗教體系，她成為一位騎著獅子、勇猛無懼的女神，在萬神殿中身居高位。在中世紀的中國，祆教將娜娜轉譯為「南太后」，在中國也有祆教徒持續奉祀。

在千餘年風沙下，始終未能送到它們的收信人手中，直到斯坦因打開才第一次有人閱讀，信件一路飄洋過海到了英國，才被世界各地的語言學家、歷史學家研究與破解。

由此，我們才認識了米薇這個女人，一如十九世紀的凱薩琳，米薇也是從中亞翻過了帕米爾高原進入中國，說不定她們也曾走在同一條路上。

1 那些粟特新娘的足跡

米薇：名留青史的粟特虎妻

米薇的故事要從那兩封信說起，當時米薇已經不是新娘子了，她有一個已經懂事、還未出嫁的女兒莎恩（Shayn），所以至少已經是個三十歲以上的婦人。她原本住在撒馬爾罕這座中亞的大城市中，嫁給那奈德後，應該也有好些年沒有離開，卻不知爲何，某天那奈德告訴她：「我們要離開撒馬爾罕。」

這一幕是不是有點熟悉？前一卷的馬繼業也曾經說過類似的話，凱薩琳毫不猶豫地爲愛走天涯，帶著家人的滿心祝福踏上東行之路。但米薇可不像凱薩琳這麼

好說話，不但自己不想去，就連她的媽媽跟兄弟都嚴正反對。多年後，米薇回憶此事，忍不住憤恨地說：「顯然在我答應你的那天，就惹怒了衆神。」但她拗不過丈夫，萬般無奈下收拾家當隨夫東進，她們一家人翻過帕米爾高原，可能沿著塔里木盆地的上緣，避過黃沙滿天的塔克拉瑪干沙漠，進入連通中原的敦煌。

客觀來說，那奈德選擇此時帶著妻小東進，實在是個爛到不行的決定。當時，西晉的宗室內鬥八王之亂才剛結束，又發生了永嘉之禍，匈奴貴族劉氏一族攻入洛陽，俘虜了皇帝，又殺了王公大臣與不少百姓，造成極大的動亂。爲了躲避這場兵禍，北方的名門大族紛紛渡過長江，而後，晉宗室在南渡大族的扶持下，在南方建立了新的政權，也就是東晉，開啓了南北朝分治數百年的歷史。

中國天下大亂，即使敦煌天高皇帝遠，也免不了動盪不安，不過，即使敦煌在撒馬爾罕三千公里以外，那奈德在這裡還是有門路、有親戚，來自撒馬爾罕的移民甚至有自己的管理組織。於是，那奈德在這裡落地生根，與另一個人合夥做生意，不知爲何，有一回，他竟留下妻子跟女兒，自己一個人回到撒馬爾罕，臨去前，他肯定再三保證過一定會回來，而且也請合夥人跟親戚幫忙照顧妻小。殊不知，他一去三年，敦煌周邊的局勢越來越壞，在這城中的商人們越來越不安，每天都擔心被搶劫、被殺害，聽說有商隊走出城外不久就被害，就連前往首都的商隊都因爲遇上了大飢荒而落荒而逃，傳回來的消息說，都城也已經付之一炬。

外部的恐慌令米薇母女如坐針氈，那奈德遲遲不歸，她們身邊的錢也快要用盡了，米薇當然不能坐以待斃，她對丈夫已經失去了耐心，希望能回到娘家去。她首先找上了管理移民事務的同鄉，要求對方協助她返回故鄉，但這位管理人卻說：「妳應該去問妳丈夫在這裡最近的男性親戚，他如果不同意，我也不能同意。」聽到這裡，米薇趕緊再找親戚幫忙，但這位親戚卻不想負責，把事情推給了那奈德的生意夥伴。而這個商人說：「如果妳丈夫的親戚不同意妳回到母親身邊，我又怎麼能帶妳去呢？不如再耐心等等吧，妳丈夫會回來的。」

這下好了，三個男人互踢皮球，誰都不想出手幫助米薇母女。唯獨一個好心的祭司願意幫助米薇：「如果妳被允許離開，我就派人陪伴妳們回去。」但前提還是

得到許可才能離開。一個女人想要去哪裡，還得要有男人的許可才能成行？這在現代人看來簡直荒謬至極，但在四世紀的歐亞大陸上，女人未必能擁有完全的自由，至少在米薇的案例中，她無法自由地往來，即便有人願意提供旅行的協助，沒有得到允許之前，誰也不能插手。

於是，米薇只好繼續寫信給遠在撒馬爾罕的母親和丈夫求助，給母親的信件中，她無奈地陳述事情的始末並告訴母親，她沒有錢，也沒有人願意借錢給她，但她沒有要求母親允許她離開，或者說，她母親的允許在此事上毫無作用，因此，她的信可能只是委婉地希望母親可以提供金援。

解鈴還需繫鈴人，這一切問題的根源就是她那氣死人的老公，她當然要催那奈德想辦法。從同一捆文書的寫作格式看來，米薇與她的同胞們習慣在信件開頭問候對方，並表示對於能聞知對方安然無恙感到歡喜。可是米薇卻以此諷刺丈夫說：「當我聽說你安然無恙，我想我也將永生不死。然而，我雖然活著……很慘、一點都不好，甚至我總覺得自己已經死了。」

接著，她非常不滿地抱怨丈夫對她不聞不問：「一次又一次，我寄信給你，卻不曾從你那兒收到任何信，我已經對你失去希望。我在敦煌不幸地過了三年，都是因爲你。曾經有一次、兩次、甚至是五次機會，離去的路（爲我而）開。但是（他們）拒絕與我同行。」

如同她寫給母親的信一樣，米薇再次陳述了自己如何被這些男人當成人球，這種進退兩難的情況，使得米薇的滿腔怒火全發在丈夫頭上，因爲離開本家、前往敦煌這件事，看來就是那奈德一意孤行。米薇越寫越生氣，怒氣躍然紙上：「在我父家我從未有過如此遭遇……我寧願做豬狗之妻也不願嫁給你！」

米薇痛罵丈夫是個豬狗不如的男人，這狗血淋頭般的字眼顯然是氣到口不擇言，在她罵完丈夫後，女兒接續其後寫了一小段信。女兒的信件可能與米薇的信相隔了一段時間，在此期間，那奈德的合夥人竟然欠了一屁股債後落跑，本就經濟困難的母女二人，竟然還要承擔合夥人的債務，於是淪落爲當地漢人的奴隸，還必須照顧一大批家畜，女兒對那奈德說：「我知道你不在乎寄出那二十枚金幣，給我們

寄來吧！」女兒似乎很確定她父親的財富絕對足以支付債務，並能解救她們母女，女兒不會對父親口出惡言，但憤恨難平的老婆可沒那麼好說話，在米薇看來，那奈德在老家裝死擺爛，把她們母女棄之不顧，簡直可惡至極。[1]

婚姻總會遇到困境，可以用錢解決的都是小事，因爲錢不能解決的事實在太多了。但客觀來說，米薇雖一心相信丈夫遠在故鄉，但他眞的順利回到撒馬爾罕了嗎？假如他不幸死在路上，那米薇母女又該怎麼辦呢？她們回到家鄉了嗎？或者在敦煌終老？還是輾轉去了何處呢？我們常說，眞相是時間的女兒，但是在一千五百年後，在這篇文章中提到的所有人都已成爲朽骨，故事的結局卻像那個信差遺落信件的瞬間般，一無所知。

1 米薇的書信英譯，參見N. Sims-Williams，Emma Wu譯，〈粟特文古信札新刊本的進展〉，榮新江編，《粟特人在中國——歷史、考古、語言的新探索》（北京：中華書局，2005），頁72-87。或Vladimir A. Livshits, "The Sogdian "Ancient Letters" (I, III)," Iran and Caucasus 12 ,2008, pp.289-293.

米薇的憤怒、無助與挫折，在一千五百年後才被讀到，她不會知道，當她的信被斯坦因拆開後，開啓了長達百年的研究史，來自各國的專家窮盡氣力試圖破解她的文字。

透過米薇窺見的粟特女性們

她究竟來自何方？所寫的文字是什麼文字？是誰在使用這種文字呢？經過重重的辯證與討論，最終確定米薇所使用的文字叫做「粟特文」，使用這種文字與語言的人，住在撒馬爾罕所在的中亞，那裡有一片由澤拉夫善河灌溉的肥沃綠洲地帶，稱爲粟特、窣利（Sugd）或索格底亞那（Sogdiana），在古代波斯語與希臘語中，是「火之地」或者「美麗的神聖之地」，這裡所居住的人信仰崇拜火與光明的祆教，因此，火與神聖、美麗、光明的連結是可以理解的，使用這種語言、住在這塊綠洲上的人稱爲粟特人。這個明確的定義出現之後，散落在絲路上的各種線索才像拼圖般一一找到合適的位置。

就在斯坦因發現米薇的書信後不久，他在敦煌的千佛洞與一位王道士相逢，王道士在幾年前發現了一個塞滿無數卷軸的小洞窟，但不知道那到底都是什麼珍寶，斯坦因卻一眼認出這些卷軸的貴重之處，透過馬繼業介紹的蔣師爺翻譯，他向

王道士購買了大批卷軸，但斯坦因不通漢文，他選購了品相漂亮完整或者有圖像的卷軸，大多都是佛經。緊接其後，就在斯坦因離開喀什噶爾不久，一個來自法國的東方學家伯希和也拜訪了馬繼業與凱薩琳，知道斯坦因東行後，伯希和也跟著來到敦煌，漢文流利的伯希和與王道士相談甚歡，他是唯一獲准進入藏經洞挑選卷軸的人，慧眼獨具的伯希和挑選標準有三：有紀年、使用漢文以外的文字、佛經以外的世俗文書，這三個條件顯示了伯希和對於歷史與語言學的素養。有明確的紀年才知道卷軸的時代，以漢文以外文字書寫顯示古語文的變化，世俗文書可以看出人們的生活。從中，伯希和發現在中國的邊境裡有許多村落中居住著來自中亞的人，只是當時伯希和還無法斷言他們來自何方，後來才證實那些就是粟特人[1]。到了一九三〇年代，在中亞的山谷裡，一個牧羊童把一些寫了古代文書的樹枝帶回學校給老師，老師往上呈報後，從俄國派來的專家進行探查，發現那個山谷中的文字就是粟特文，而山谷正是粟特貴族在八世紀時躲避戰禍的地方。此後，來自英法俄等國的專家開始研究粟特。百年來，這些關於粟特人的拼圖拼出了一幅東至日韓、西至伊斯坦堡的巨大圖像，都是他們走出的足跡，他們遷移到歐亞大陸的許多地方，建立自己的移民聚落。

在這幅拼圖中，米薇的信可以說是立定基礎的重要構件，在她之後，不計其數的粟特女性離鄉背井，隨著她的足跡進入中國與其他國家，但她是唯一一個親自敘述自己心聲的粟特女子。這兩封被遺忘了一千多年的信件，讓她的族群重新被世人發現，這個在史書上從不曾留下紀錄的平凡女子，也因此留名。

除了粟特研究上的重要性之外，米薇也是歷史上極少數能留下心聲的底層女性，被拋棄的悲憤、身在異鄉的恐懼與孤立無援，困於財務、婚姻，與法律中的無奈，其實在現代社會也屢見不鮮，不管再怎麼制定法律，總還是會有人落入制度中的夾縫，米薇母女顯然就是如此。

---

1 Paul Pelliot, "Le 'Cha-tcheou-tou-fou-t'ou-king' et la colonie sogdienne de la region du Lob Nor," Journal asiatique 1916, pp.111–23.；中譯版：伯希和，〈沙州都督府圖經及蒲昌海康居聚落〉，《西域南海史地譯叢七編》（北京：中華書局，1957），北京：中華書局，1957，頁25-29。

維優斯：新舊移民的婚姻典範

米薇的故事發生在四世紀初，從那之後，中國史進入了長達數百年的動亂，雖說危邦勿入，但粟特人們顯然有不少人跟米薇的丈夫一樣知難而進，粟特人就從敦煌等邊境城市，慢慢進入了中國的腹心地帶。

大約在四世紀末，鮮卑人拓拔珪建立了魏國，也就是後代俗稱的北魏，北魏逐漸擴張勢力，一統北方，經過英明的女主文明太后之後，醉心漢文化的孝武帝推動了漢化運動，又將都城從平城南遷到漢文化氣息更濃厚的洛陽，在漢人看來自然是件好事，但看在鮮卑人眼中，這無疑是放棄了自己的族群，留在北方持續爲北魏駐守邊境的鮮卑軍人自然不滿。

而後，皇位又傳了兩代，到了年幼的孝明帝手上時，由其母胡太后執政，此時距離孝文帝的漢化運動，不過才二十年，北魏卻已是內憂外患交迫，洛陽城中的公卿妃主們卻仍醉生夢死，宗室親王們身佩位高而無權的官銜，在朝廷中走雞鬥狗……神龜二年（五一九年）的六月七日，在漢文史書中，這一天沒有任何記載，一切如常、風平浪靜。

不過，距離洛陽千里之外的鄯州距離洛陽千里之外的西平（今中國青海省西寧市），對於二十六歲粟特青年尉各伽（Wyrk'k）來說，這天可以說是人生中最重要的一天，因爲他要結婚啦！

當時的人們普遍十五六歲就結婚了，尉各伽二十六歲還未婚實在罕見，我們不知道他爲何遲遲不婚，或許他年輕的時候，可能有過一段漂泊的日子吧？尉各伽這個名字，與粟特語的「狼」有關，他就像前面提到的米薇一家一樣，是從粟特進入中國的移民。米薇一家來自撒馬爾罕，漢語稱作「康國」，尉各伽一家則在撒馬爾罕南方的「羯霜那」，漢語簡稱「史國」，這些粟特人沿著絲路進入漢地後，以出身的國名爲氏，就改爲史姓。在粟特地區的諸國中，以東邊的康國和西邊的安國最大，中間則有曹國、何國、米國……等小國，史國的位置在康國南方，是通往重要隘口鐵門關的必經之路，因此貿易也相當興盛。

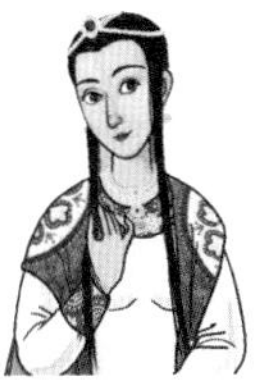

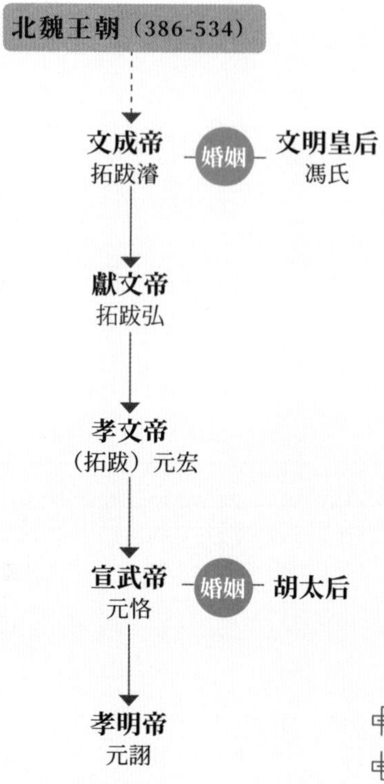
北魏王朝（386-534）
文成帝
拓跋濬
婚姻
文明皇后
馮氏
獻文帝
拓跋弘
孝文帝
（拓跋）元宏
宣武帝
元恪
婚姻
胡太后
孝明帝
元詡

北魏世系表

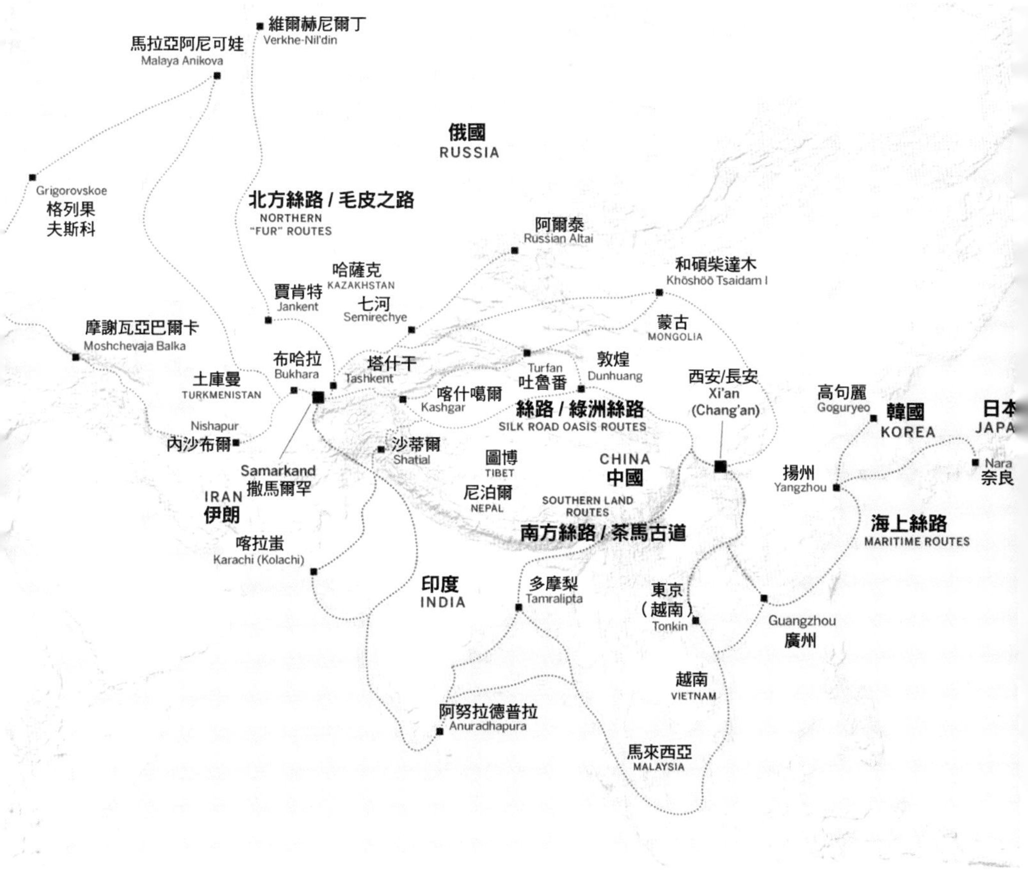

原圖出自美國史密尼森學會組織的《粟特人：絲路上的影響者（The Sogdians Influencers of the Silk Roads）》數位策展網頁，由策展人根據現有的粟特考古資料與文物推測出可能的路線。

粟特人貿易圖

從西元前就開始經商的粟特人崇拜商業，在孩子一出生就寄予他們「說好話、發大財」的期望，新生兒出生時，父母會在他們手心放膠、口中置糖，希望他們口中說話如蜜、得財牢固如膠，在男孩十餘歲時，就會隨著父兄或長輩出外從商。即使是王公貴族也要經營自己的商隊，可以說商業就是他們最重要的命脈，傳統中國說「士農工商」，讀書人是四民之首，而商人敬陪末座，但在粟特地區卻不相同，粟特人行商的範圍北至西伯利亞、東至日韓、西及伊斯坦堡，這些長距離的貿易都不適合單打獨鬥，因此粟特人會組成商隊一起行動。其中，具有領導能力、德高望重者就會被推舉爲首領，在粟特語中，稱爲「薩寶（srtp'w，也寫作薩保）」。

粟特人在行商的路線上逐步拓點，進入既有的聚落與城鎮後，建立小型的移民社區或組織，處理內部的事務（在米薇的例子中，她就曾經向同鄉求助）。沒有聚落的地方，粟特人也開始逐漸建立自己的小鎮、村里，並吸收其他族群的移民後，自行推舉薩寶來管理事務。

尉各伽就生在一個移民中具有領導地位的家庭，他的祖父在史國本土時就已經是薩寶，不確定是在祖父或者父親時，他們遷到河西走廊的涼州一帶，在尉各伽年少時應該也經過一段隨長輩行商的日子，直到二十六歲時才去西平迎娶。

新娘的名字是維優斯（Wiyusi），這個字的意思是「黎明」，她跟米薇一樣出身於康國，但看來家族進入西平定居也有一陣子了，不過涼州與西平相距數百公里，並不是很近的距離，雙方也不是來自同一個粟特小國，雙方究竟如何相遇？或許是在尉各伽行商時路過西平？或許是透過各方親友輾轉介紹？一開始，尉各伽與維優斯並不知道他們的婚姻能走多久、能走到何方，但他們始終記得結婚的日期，他們的後人甚至將這日期鐫刻於墓葬中，顯然對他們來說，這是個不可遺忘的重要日子，甚至比兩人的生日還要緊。

在尉各伽成婚後數年，從洛陽傳來了令人驚訝的消息，北方的六鎮不滿於朝廷的無所作爲，竟揮師南下，將執政的胡太后與小皇帝投入黃河，又幾乎殺盡了洛陽的王公大臣。不久，六鎮軍人內部又分裂，以高歡爲首的人留在東邊，其他人隨著宇文泰奔向西邊，雙方各自擁立傀儡皇帝，分成東魏、西魏，隨後又由高家和宇文

家的後人篡位，成爲北齊與北周。

在這些巨大的動亂中，尉各伽夫婦不可能不受影響，新政權積極地想在河西走廊養馬、積蓄戰力，又有意識地扶植商業、幫助地方的發展，同時在北方崛起的遊牧汗國突厥，也想透過粟特人與西魏貿易、累積稱霸北方的實力，在這種情況下，西魏與北周的粟特人得到政府的支持，大力推展了他們自己的事業，在北朝到隋唐的政府中，甚至將「薩寶」納入政府體制，只要在一州範圍以內、管理超過兩百戶西域移民的薩寶，就視同正九品的地方官[1]。

尉各伽比米薇的丈夫幸運，也更有手腕，在亂世中成功地拓展事業，帶領商隊跋涉求利，有些時候，維優斯也會與他同行。尉各伽在邊陲之地的涼州持續經營，顯然在當地頗有威信，也得到皇帝的任命，成爲涼州薩寶，而後逐步從涼州進了首都長安，尉各伽的官位雖然不高，卻累積了龐大的財富。當他們夫妻壽終正寢，兒子們打造了豪華的墓葬，墓中有兩幅宴樂圖，顯示了他們生前的生活。一幅描繪著他與妻子坐在寬闊的大堂中，看著堂下的歌舞、身前堆滿了佳餚美饌。另一幅顯示他們在葡萄園中宴飲，尉各伽與維優斯分別由兒子與媳婦們服侍，享受著音樂與美食，維優斯也換上了北周的服飾，可能表示她也接受了漢地的文化，畢竟他們晚年生活於長安，與環境做出妥協應是必要的。

我們並不知道維優斯去世的時候是幾歲，但在尉各伽去世後的一個月，她也隨夫而去，距離他們結婚六十週年的紀念日只有幾天而已。不管在哪個文化，一對夫妻能結髮六十年都是不容易的事，他們的一生可說是福壽雙全、兒孫滿堂，他們的墓葬中出土了一方漢文與粟特文並列的墓誌銘，粟特文的部分有一段耐人尋味的段落：

無人能逃脫死亡的命運，人們也難以活過人生之大限。然而，更難的是在人

1 關於薩寶的研究，參見榮新江，〈薩保與薩薄：北朝隋唐胡人聚落首領問題的爭論與辨析〉，收入葉奕良編，《伊朗學在中國論文集》第三集（北京：北京大學，2003），頁128-143。

間，一位丈夫和一位妻子偶然地相互守望，走過這年年歲歲、日日夜夜，甚至他們還將在天堂裡攜手共度這段歲月。[2]

寫下這段話的人有可能是尉各伽夫婦的兒子們，也有可能只是工匠或祭司，不管是誰，顯然他不認爲一段長久的婚姻是理所當然的事。正因爲體認到生活在世間的艱辛，白頭偕老才顯得難能可貴，相較於前面寫到「無人能逃脫死亡」的宿命感，顯然認爲結爲夫妻是一種偶然，而非命中註定，這與他們的宗教觀中沒有前世今生有關，粟特人信仰的祆教認爲死後會有靈魂審判，被嘉許的靈魂會進入天堂得

2 詳細的翻譯跟對照，參見吉田豐，〈西安新出史君墓志的粟特文部分考釋〉，收入榮新江編，《粟特人在中國——歷史、考古、語言的新探索》，頁26-41。近年又有增補版，吉田豐，〈西安出土北周「史君墓志」ソグド語部分訳注〉，收入森安孝夫編，《ソグドからウイグルへ——シルクロード東部の民族と文化の交流》（東京：汲古書院，2011），93-112。

到永生。或許可以說，在粟特人的觀念中，婚姻並非神力或者宿命所爲，而是夫婦二人努力的結果。

尉各伽與維優斯的案例中，也可以看出進入中國的粟特人之間的婚姻網絡，在北朝到隋唐中期的粟特人墓葬中，婚配的對象很少有漢人，大部分都還是與粟特人或其他族群的移民通婚。有些在中亞地區遊牧的部族進入中國比較早，也可能與粟特人累代通婚後，接受了他們的文化、宗教與生活習慣，幾乎與粟特人一般無二。差不多同一時間，在北方崛起的突厥汗國，也有一些粟特人因爲經商、外交、戰爭……等原因而留了下來，遊牧民族需要粟特人的通商才能補給各種物資，粟特人逐漸在突厥站穩了腳步，成爲不可或缺的人才。可以說，六到八世紀的粟特人從原鄉向外移出，遍布整個歐亞大陸，許多重要的交通要道與商業城鎮中，都有他們的足跡。

但是粟特人寄居在不同國度中，如何分辨究竟誰是粟特人呢？日本內亞研究的權威森安孝夫認爲若以「胡」代稱者幾乎都是指稱粟特人[1]，但這說法還是比較籠

統，中國的敦煌學大師榮新江教授總結出了以下幾點：

一、西域或者粟特各國出身（包含康居、安息等古國名）。

二、擁有「胡人」高鼻、深目、多鬚的外貌特徵，甚至是「胡氣」。

三、姓氏屬「胡姓」，如康、安、史、何、曹、穆、米、石、畢，除此之外，羅、翟、賀、魚（虞）等姓氏也有可能與粟特人有關。

四、擁有「胡名」。

五、具有「胡人」的文化特徵，如擅於歌舞或者信仰祆教。

六、祖先或者本人擔任胡人聚落首領、薩寶、天主、祆主……等職務。

七、與月氏、波斯、突厥、焉耆……等西北的其他「胡人」通婚。

八、從事胡人常見的職業，例如：商人、酒家、通譯、職業軍人、宮廷侍衛……等。

九、有突厥化的特性，像是驍勇善戰或者從事放牧。

十、擁有「胡人」的性格特色，如蓄財重利、反覆無常、凶惡、勇敢……等。

十一、出身、郡望[2]或封爵中出現與粟特關係密切的地名，尤其是粟特聚落的地名或者代表西方的名詞，例如：天山、蒲海、蔥嶺、關右……等。

榮新江認爲前六項基本上可以作爲粟特人的判別標準，但是後五項，在粟特人以外的族群中也可能出現，需要再仔細依照個案來考慮[3]。

---

1 過去學界一直認為「胡」除了粟特之外，也泛指波斯、大食……等來自西方的人，但森安孝夫引用了日本從唐帝國得到的古書《梵語雜名》中的條目，其中「胡」的平假名注音為「suli」，即是粟特。參見森安孝夫，《歷史學家寫給所有人的絲路史：遊牧、商業與宗教，前近代歐亞世界體系的形成》（新北：臺灣商務印書館，2022），頁205-207。

2 郡望：中古時代的地方豪族會在姓氏前加上所在的郡名，藉以區分不同的家族，如隴西李氏與趙郡李氏雖同姓卻不同郡望。

3 榮新江，森部豊譯註，〈新出土石刻史料から見たソグド人研究の動向〉，《關西大學東西學術研究所紀要》44，頁141-142。

2 粟特人的婚俗與婚約

收繼婚與近親通婚

那麼，粟特人的婚姻與家庭有什麼特色？或者說與當時的中古中國有何不同呢？許多學者談到粟特人的婚姻問題時，常常會以七世紀的玄奘法師在《大唐西域記》中提到的「嫁娶無禮，尊卑無次；婦言是用，男位居下」來概括。甚至也因此懷疑粟特人是不是一種「母系社會」，但玄奘法師是男性，又生長在一個男性地位高得多的社會，他的觀察標準全部都是以唐文化作爲準繩，這樣的評論其實有失客觀。家庭中多由女性作主，也可能表示男性常常缺席，但女性家長究竟是代表著她個人還是父系家族？這才是眞正的問題。

在前面米薇的書信中，可以看出她的行動受到夫家的約束，遠方的母親也愛莫能助，她們所在的移民小群體中也如此認爲，顯然這在三世紀時並非米薇一家的單獨案例。在六到七世紀的漢文史料中，則說粟特人深受突厥人的影響，尤其是「收繼婚」，也就是父親去世後兒子們可以娶生母以外的庶母、兄弟去世後其他人可以娶寡嫂或弟媳。這在古代中國稱爲「烝報」、被視爲亂倫，但從遊牧民的角度來看，是爲了確保男人死後，他的財產、妻子兒女也由同一家族的男性來照顧與支配，不會隨著妻子改嫁而轉移。

八世紀的新羅僧人慧超行經粟特諸國時，對於粟特婚俗的紀錄又更驚世駭俗：「極惡風俗，婚姻交雜，納母及姊妹爲妻。」近親通婚與收繼婚是完全不同的概念，收繼婚在現代人看來可能有點少見，但也不是不行，近親通婚在現代卻是會上社會頭條、嚴加譴責的事。然而在古代，近親通婚（也稱族內婚）是一種極度排外、對內鞏固血緣的方式。爲什麼要排外？顯然是認爲自己的血緣更純更好，不應

該被摻雜。因此，族內婚常常出現在某些自居神聖的統治者家族身上，最有名的案例就是古埃及的法老，而日本皇室也有很長一段時間都是近親通婚，記錄下這段文字的慧超所出身的新羅（今南韓），其王室也是盛行族內婚[1]。

但粟特諸國所盛行的族內婚卻可能是因為宗教的緣故，粟特人主要的信仰是瑣羅亞斯德教，也稱祆教，其教義相信世界劃分為善惡二元，至高神阿胡拉馬茲達創造了世界，並與惡神阿里曼互相爭鬥，阿胡拉馬茲達終將勝利，人類在善惡之間自由選擇，最終也要為自己的選擇付出代價。象徵著光明的火也因此成為阿胡拉馬茲達的代表，祆教的信徒崇拜火，藉由儀式來榮耀至高神，在中國也因此稱他們為拜火教。祆教起源於西元前六百多年的波斯，此時的波斯王室中已經有族內婚的案例，但在祆教的經典中，鼓勵教士階級的近親通婚，這樣的傳統究竟由何而來並不清楚，有學者認為，這可能是西亞的某種母神信仰與母系社會的遺跡，被內化進偏父權的祆教信仰。

乍然這樣說，大家可能無法理解，換種方式解釋吧！從女人子宮中產出的孩子，肯定是她的血脈，因此女人必然是她兒女的母親。同理，女兒的孩子一定帶有祖母的血脈，母系的傳承非常明確。但對於男人而言卻非如此，男性只提供了精子，若不透過現代的科技，幾乎沒有辦法確認配偶所生的孩子是他的血脈，因此，父系家族非常容易斷絕。那麼，男人透過與父系家族中的女性近親婚配，至少可以確保女人生下的孩子仍是同一個家族的血脈。

然而，與女性近親通婚的概念對於祆教以外的文明還是難以接受，因此，即使在西亞當地，後來近親婚配確實也越來越少見，但與堂親、表親等親屬通婚的案例也成爲一種常態。即便是來自祆教發源地的波斯王族，似乎也不完全遵守這樣的傳統了。

1 近親婚配對於古代中國人而言是無法接受的事，因為至少從戰國時代起，中國人已經禁絕了同一父系家族的近親通婚，甚至擴及到同姓不婚，因為同姓氏就是父系家族的證明，但表親通婚是被允許的。

歷史上少見的婚前契約

除了出於宗教因素而可能出現的近親通婚之外，粟特人還是以父系家族爲主，前面談到的虎妻米薇與二代移民維優斯，在婚後都是以夫家爲依歸。兩份寫於八世紀的婚約更明確顯示了粟特人的父系社會，這兩份文書於一九三一出土於今日塔吉克的穆格山（Mt. Mugh），編號爲三跟四，推測是西元七二二年時一群粟特貴族逃難時留下的，距離簽訂婚約的時間已然過了十年，可以推測這對夫妻在婚後仍不忘婚約，就算逃難也隨身攜帶。

這兩份婚約可以說是歷史上少見的「婚前契約」，這份婚約由新郎烏特勤與新娘叡特的監護人簽訂，顯示這是兩個父系家族的約定，新娘幾乎可以被視作一種「所有物」，由父家轉移到夫家，若萬一分離，新娘則由夫家再轉回父家，因爲是一種所有物，合約中也再三強調新娘本人需要「完好無缺」地回到父家。

有趣的是，從合約形式看來女性似乎無法自主，但條文中無處不在保護新娘

本人的權益，新娘的家族似乎地位較高，因此，這段婚約的先決條件，就是新娘的監護人必須提供某些政治上的保護。在女方比較強勢的基礎上，新郎與新娘雙方必須視對方為「親愛與可敬」的配偶，丈夫需要提供妻子「食物、服裝與飾物，以敬意與愛情，賦予家族中女主人的地位」，而妻子雖無須負擔家計，卻「需時時以丈夫的好處為優先、遵行他的命令好做稱職的妻子」，顯然丈夫的位階還是比妻子要高。

婚姻中難免有風雨，尤其在局勢混亂的中亞，不管是戰爭或政治，都可能波及家庭，在婚約中特別註明男女雙方「若參與任何罪行，必須自己承受、自己償還。」假如其中一方因為各種原因成為奴隸或人質，另一方與另一方所生的孩子都無須負責，可以直接解除婚姻。然而，在第二封婚約中，男方特別保證「我絕不賣掉她、不將她與人為質、也不將她送人為禮或置她於其他人的保護下。如果有人，不管是從我方或敵方帶走她或者扣留她，我必馬上將她毫髮無傷地救出。」但女方卻未做出同等的保證。

有時候天災人禍未必能將相愛的兩人分開，但小三或小王的破壞力可能大得多，婚約中特別加了一條規定來保障新娘的權益。「烏特勤若在未送走釵特的情況下，娶了任何妻、妾或留下任何使釵特不悅的女子，那麼身爲丈夫的烏特勤將被視爲虧欠，必須賠償其妻釵特三十枚上好、純粹的迪海姆金幣，且不允許留下上述提及的女子爲妻爲妾，必須送她離開。」倘若雙方婚姻破裂，也必須將財務問題規範清楚。如果由男方提出分手，必須歸還妻子繼承或者結婚時帶來的財產，婚姻中贈與的禮物也不可追討。由女方提出分手的話，則必須歸還婚姻中所得的贈禮，而她帶到男方家的財產，則一律折換成現金後帶走。銀帳兩清後，雙方的婚姻也就此結束，各自嫁娶、互不干涉。

婚姻很微妙，有兩句話說得好：「婚前腦子進的水，就是婚後流的淚。」婚前兩情相悅時覺得沒問題的事，婚後兩情不悅後就都成了摩擦。在這份婚約中，似乎並不預設婚姻必然完美，也不期待兩人要扶持彼此，就算大難臨頭各自飛也沒關係，但從文書後來被發現的地點與相關的時代事件顯示，烏特勤與釵特在大軍壓境

之時，依然攜手同行，直到戰爭或者死亡將他們分開。

研究粟特文的俄國學者雅庫波維奇認爲，這份婚約是非常客製化的合約，在當前有限的文書中可說是獨一無二，不應該被視爲全部粟特人的代表，但可能可以從其他古代語言留下的文書中，依稀找到一些來自於西元二、三世紀希臘化時代的中亞源流[1]。雖然這份文書本身非常特別，顯然是男女雙方折衝多次後的結果，但這份「婚前契約」完全沒有虛無縹緲的祝願，只有非常實際的條文規範。雖然我們還是得非常保守地說，不是每個粟特新娘都能幸運地得到監護人替她爭取來的保障，但合約顯示粟特人的父系傳統之外，也體現了他們將商業精神融於生活的樣態。

---

1 Ilya Yakubovich, "Marriage Sogdian Style", *Iranistik in Europa - gestern, heute, morgen* (ed. H. Eichner et al.). Vienna: Österreichische Akademie der Wissenschaften. 2006, pp. 307-344.

政治婚姻與家族紐帶

在現存的粟特人史料中，有相當明顯的階級偏差，原因很簡單，能夠留下墓葬、墓誌等資料的人，本來就是經濟實力比較好的階層，有錢人的考量向來比平民百姓複雜，在婚姻上更是如此。

在粟特人墓誌中，我們可以看到有人是在同一聚落中尋求伴侶，也有人是透過親族任官行商的地緣關係擇偶，例如隋代一個名叫史索巖的粟特男子，他原是隋煬帝未登基前的侍衛，在主子登上大位後隨侍前往仁壽宮，在仁壽宮工作的這幾個月中，與當地的一位移民領袖之女安娘成婚。

但同一時期有另一個移民二代史訶耽，在隋末唐興後，他進入中央擔任翻譯官（譯語人）長達四十餘年，顯然頗受重用，他原先也娶粟特女子，但是在妻子過世後再娶了一位漢人女子張氏。我們或許可以猜測，隨著粟特人移居中國的時日漸長，與漢人通婚的案例也可能逐漸增多，尤其是在中央任官這種講求關係的職業，

就更需要漢人世族的助力。這種族群通婚的轉換，雖然有個別案例的特殊性，但也可見移民落地生根後融入其他族群，這種「融入」或許消弭了族群之間的差異，但也代表了粟特文化與認同的消融[1]。

另一個極具指標性的家族是唐玄宗時遷居的康阿義屈達干一家，康氏一族不知道多久以前進入突厥汗國後，深受重用，康阿義屈達干出身顯貴，他本人在青年時代就已經是突厥宰相。在某次突厥內部的動亂中，康氏一族跟隨其他貴族進入唐帝國，康阿義屈達干在大將安祿山的懇請下，被玄宗派往河北擔任安祿山的副手，在安史之亂中，康氏一族曾經分屬兩個陣營，但最終都投向了朝廷。

康阿義屈達干的祖母是突厥公主，而康阿義屈達干自己可能在入唐後娶了一位大將軍之女交河石氏，交河即是今日的吐魯番，從這位石氏夫人的父親名字與籍貫看來，她可能是較早來到唐帝國的舊移民，其父是禁軍大將。

康阿義屈達干有四個兒子，長子應該是在突厥時就迎娶了一位突厥貴女，這位長媳顯然十分強悍，是康阿義屈達干最信賴的馬車駕駛，在家族有難時總是載著公公逃命。幼子在安史之亂中表現傑出而受上司喜愛，迎娶了上司的姪女，這位夫人是契丹人。從康氏家族的案例中，他們的婚配族裔會隨著寄居的國家而改變，而不僅限於粟特人，但考量到他們的身分地位，政治聯姻的考量還是大於族群認同，他們入唐後都選擇了與自家性質相近的武將家族，或許是他們還沒能跟傳統的漢人世家搭上線，也或許是武將家族的聯姻對他們的助益更大。

大致上可以說，在安史之亂前的新移民傾向先與同一族群的舊移民通婚，在他們的下一代或者第二次的婚姻中，才有可能再選擇其他的族群，這種新舊移民之間的婚姻紐帶，讓新移民更容易融入既有的移民族群，這些不停加入的生力軍也鞏固了移民在聚落與社會中的影響力。

從西元四世紀到九世紀，數百年間無數的新娘在粟特故地與移民聚落之間移

1 畢波，《中古中國的粟特胡人：以長安為中心》，北京大學歷史學系博士論文，2005，頁70。後出版為專書，畢波，《中古中國的粟特胡人：以長安為中心》，北京：中國人民大學，2011。

動，目前能看到的幾乎都是進入中國的移民，即使是其他語言的文獻中，似乎也看不到從中國逆向前往粟特的女性，這有幾種可能，一是女性不大容易留下自己的文書與信件，其二是十世紀後中亞的伊斯蘭化與突厥化，使得粟特語被有意識地抹除，相關的文獻也很難保存，最後則是唐帝國禁止國民離境，除非偷渡或者本就是外國人，否則唐帝國落籍的屬民是不能跨越國界的，尤其是與外國男性結婚的漢人女子，更是被明令禁止離境。因此，我們在現存的文書中，幾乎看不見離開中國、前往粟特的新娘。

安史之亂後，中國與粟特之間的絲路貿易不再暢通無阻，吐蕃（今日的圖博、西藏）與回鶻插手進入河西走廊、介入西域局勢，使得人的移動變得危險而複雜，年輕女性更不容易進入中國。加上安史之亂後，唐帝國對於外來者變得更有戒心，新的移民變得更不容易生存，舊的粟特移民或是隱姓埋名，或是搬遷到對粟特人比較友善的河北地區，河北一帶是安史陣營的大本營，雖然安史二人已死，這個地區仍由他們的部將掌控，許多不同的族群也仍在此處與漢人雜居，由於朝廷對河北始終不放心，使河北人對朝廷頗有敵意，更容易向內型塑認同感，以保守「河北舊俗」爲榮，粟特人有不少人在河北從軍、成爲中高層的軍官、死後也歸葬河北，從他們的墓葬中，也可以看見他們通婚的對象不再僅限於粟特，而是族群更複雜多元的河北人。

我們的祖先都可能是奴隸

以上我們討論到的新娘都是正妻，身分都是自由人或者貴族，但在隋唐時代的文書中出現了另一種粟特女性的身影，她們是被賣到中國的奴隸，被稱爲「胡姬」或「胡婢」，雖然未必能成爲正妻，但她們的故事也是另一種婚姻的型態。

在談論「胡姬」或「胡婢」之前，我們必須先了解一下「奴隸」。在古代世界裡，人生來就是不平等的，這點不管在哪個國度都一樣，中國是到了中華民國才正式廢止了奴隸制度，而聯合國要直到一九四九年才正式禁止人口買賣。換言之，在此前的數千年人類歷史上，有無法計數的人毫無選擇地成爲了奴僕，甚至，我們每一個人的祖先都可能是奴隸。這些年演講時，我常常提醒聽眾這件事，年輕的學生聽到往往露出驚訝的表情，我想他們並不是不知道，只是從沒想過在課本上一筆帶過的「奴隸制」，實際多麼糟糕。

古代的人們對待奴隸並不存在人道與平等，每個國家在不同時代的律法或有不同，但奴隸被視爲主人的「所有物」是一樣的。在七世紀的高昌國，曾記下主人對奴隸的權力，主人與其後代可以「根據喜好打她、虐待、綑綁、出賣、作人質、作禮物贈送，想怎樣做都可以。」而且不是只有奴隸本人，這樣的權力也延續到奴隸所生的後代，都是主人的私有財產[1]。同一時期的唐帝國，在國家律令中明確指出「奴婢賤人，律比畜產。」奴婢與賤人同義，但奴通常指男性，婢則是女性，奴婢就跟牲畜一樣，是主人的財產，不是平等的生命。

奴隸是社會的最底層，但掉到這一層的人未必天生如此，在中亞或者北亞，至少分爲貴族、自由民與奴隸三種階層，貴族與自由民可能因爲戰爭被俘或者欠債而變成奴隸。在隋唐帝國，分成皇族、士族、庶民（良人）與奴婢（賤人）四種階層，皇族與士族如果犯罪，就有可能降級，皇族最低會貶爲庶人，而士族則可能貶

1 森安孝夫，張雅婷譯，《絲路、遊牧民與唐帝國：：從中央歐亞出發，遊牧民眼中的拓跋國家》，（新北：八旗，2018），頁249。

爲「官奴」，就是國家的奴隸。皇族是皇帝的親屬無庸置疑，士族則是在中古時代中國的特殊階層，他們是地方的名門望族，也是政治與社會上的領袖人物，幾乎所有隋唐時代的知名人物都出自這個階層，皇族其實也是士族的一員，兩者之間會互相通婚。

在這樣的社會階層中，隋唐的奴隸唯一脫離奴隸身分的方式，就是「放良」，也就是由主人解放，除此之外，別無他法。唐代的律法規定，士族與庶民出身的男性只能迎娶同一階層的女性爲正妻，士族男性可以納庶民女子爲妾，但不管是士族或庶民，都不能直接迎娶奴婢爲妻爲妾，除非這個奴婢先被她的主人解放爲庶民，才能夠成爲士族或庶民的妾，但永遠不能爲妻。在史料中並沒有提到如果士族女子與庶民、奴婢男性通婚會如何，或許是因爲士族女性在婚姻上的自主權並不高，但唐代的法律明令禁止奴婢出身的男性迎娶庶民女子，甚至不准庶民女子自降階級成爲奴婢來成婚，一旦被發現，雙方不但要坐牢，婚姻也會被取消，除非這個男性被他的主人解放成爲庶民。這就是所謂的「士庶不婚」、「良賤不婚」，雖然在一些傳奇中可以看到突破階層的愛情故事，但在國家的角度上，仍然透過法律的制約來阻止階層的流動。

奴婢階層不分族裔，但既然是主人的財產，價值自然有高有低，異國奴婢就像罕見珍稀的商品一樣昂貴。擁有來自中亞的胡奴婢或者來自南海的崑崙奴，在當時是一種炫富的行爲，但這些異國奴婢之所以價高，還是在於他們所擁有的特殊技能。被販賣到唐帝國的粟特男女通常被認爲能歌善舞，男性可能善於馴化猛獸或者牲畜，女性又被稱爲胡姬或胡婢，胡婢單純是負責家務的婢女，法律身分比較明確，屬於奴婢，但胡姬就比較曖昧，可能是姬妾、舞者、樂人或者侍者，究竟她們確實屬於奴隸階層？或者是戶籍上是良民、卻從事歌舞或服侍的工作？目前的史料無法提出確切的證據。

但可以簡單地說，這些女奴幾乎沒有發聲的機會，在同樣來自中亞的大詩人李白筆下，她們是「胡姬貌如花，當壚笑春風」，這些美貌的女子在詩人座前歌舞娛人，令人沉醉。她們的歡歌笑語當然也會引來男人們不三不四的調戲，比如中唐的

詩人施肩吾取笑朋友是個玩咖，「胡姬若擬邀他宿，掛卻金鞭繫紫騮」，似乎只要胡姬稍一勾引，這位朋友就馬上被帶走了，這在今日看來還滿不正經的詩句，在唐代卻是士族男子們的日常。

在這些聲色宴飲的場合中，自然不會有人特別記錄她們的心聲，現存的官方文書也幾乎不會記錄她們的來歷，讓人無法看見她們的眞實面目。但是在中國邊境的沙漠綠洲城市裡，因爲許多平民下葬時使用了廢紙製成的器物陪葬，在乾燥的氣候中，這些陪葬品意外被保存了千年之久，後代的學者也從這些廢紙中找到了一些線索。

被迫成為商品的女子們

首先，我們必須知道絲路並不是條寬敞平坦，還有各種路標的高速公路。所謂絲路，其實是無數個點狀的市鎮串連起來的貿易網絡，小規模的交易可能只有零星幾個商人或者一個商人帶著他的奴僕，將貨物賣到鄰近的市鎮。甲地商人把東西賣給乙地商人，乙地商人算上成本跟利潤後再賣往丙地，以此類推，一路像接力一樣把貨物賣到遠方。而大規模的商隊則可能在大城鎮集結，推選出合適的商隊領袖或者聘僱護衛，同時準備貨物補給、招募隊員，接著再進行長途的旅行[1]。

1 關於絲路商旅的規模，美國學者韓森在《絲路新史：一個已經逝去但曾經兼容並蓄的世界》中認為，絲路的貿易大宗應是在地的商品而非昂貴的舶來品，而且規模較小，顯示絲路貿易可能不如我們預期的那麼宏大。但日本學者森安孝夫持反對意見，他認為小規模的交易雖然存在，但大型商隊的影響更大，而且這些大型商隊攜帶了大量的奢侈品一路前進，也刺激了沿路市鎮的在地商業。

因此，唐帝國的邊境聚落有許多來自外國的「行商」，這些在當時的文書中稱爲「興胡」或「興生胡」的外國商人沒有唐帝國的戶籍，但必須受政府列管、納稅，會在邊境來來去去運送貨物。與此相對，已在唐帝國落籍的「坐商」是不允許離開國境的，他們就負責收購舶來品或者提供唐帝國內陸的貨物，而奴隸也是這些商人販售或收購的商品之一。

當時的旅行並不像今日一般方便，在各個交通要塞都設有抽稅跟檢驗的關卡，平民與士族在旅行時會攜帶「過所」這種類似護照的文件，上面載明基本資料與旅行的目的，而攜帶的牲口與奴婢則需要出示購買證明，尤其是奴婢，在購買時需要到政府官員前面確認意向，以防有人拐騙良民爲奴，然後才能核發購買的契約，在契約書上也簽有核發與經手官員的名字與買賣雙方找來的保人。在這些契約上，登載有奴婢的姓名、性別與年齡之外，也記錄了購買的價格。

唐開元年間的一組文書中，就登載著一位唐姓官員的妾，在丈夫侄子與兩名胡婢陪同下，要從高昌到福州去與丈夫會合，這兩個名叫失滿兒與綠珠的胡婢都才十多歲，在經過關卡的文書中，也檢附了她們兩人的買賣契約。從高昌到福州距離四千多公里，她們來自遙遠的亞洲內陸，卻在這麼小的年紀要隨主人跋涉到亞洲的另一頭，在十多年前剛看到這組文書時，我總是想，如果她們成功抵達福州時，看到海洋時將會多麼驚訝？她們幾乎走完了陸上絲路，在福州這個海上絲路的重鎮，她們又會遇到什麼樣的事？但十多年後，我看了更多文獻，才明白在那些文書留下的瞬間，她們即將要面對的命運並不比絲路旅行平順多少。

絲路上的女奴是極其值錢的商品，當然會有人要屯貨，中國學者吳震從一份吐魯番出土的戶籍文書《五周先漏新附部曲客女奴婢名籍》中找到了有力的證據，這份文書是補登人口的紀錄，距離上一次普查只有三年，在這短短的時間內，名籍中的兩戶人家竟增加了近七十名可供買賣的男女奴隸[2]。日本學者森安孝夫也認爲，

2 吳震，〈唐代絲綢之路與胡奴婢買賣〉，收入氏著，《吳震敦煌吐魯番文書研究論集》（上海：上海古籍出版社），頁390-408。

雖然這份文書殘缺嚴重，原先登錄的人數可能超過百人，可以猜測這並非單純的使役奴隸而已。在這份文書中，女性約占三分之二，而這些女子中又以少女居多，或許顯示這份名單中的戶主是有意地購入少女，準備賣往他方。吳震在他的研究後面補充說明，初唐的資料顯示，條件相似的胡婢，在長安的價格至少是邊境的八到十倍。購買奴婢的方式，可以用金銀銅幣也可以用絹，端看買賣雙方如何約定，有些人從西域帶奴婢前來，賣了之後得到絲綢，再把絲綢賣回西域。吳震認爲，從初唐到盛唐，邊境胡婢的價格也逐步攀升，從三十匹白絲綢漲到四十匹，而後可能也穩定地成長，直到安史之亂後，絲路貿易受阻，胡奴婢的貿易也才慢慢下跌。

到底有多少的女奴進入唐帝國？目前無法確認數量，但他們從原生的西域進入唐帝國後的處境，恐怕與我們所熟悉的美國黑奴故事差不了多少。近年來討論到奴隸問題時，學者常常關心的是女奴們與她們的孩子，那胡姬或胡婢能否有自己的家庭？目前可以確定的是，如果仍屬於家僕家婢，那她們的婚姻必然是主人作主，她們的孩子也是主家的財產，在生育年齡的胡婢更受歡迎，因爲她們能替主人帶來更多的奴婢。

既然奴婢是財產，當然也可以送人，大詩人元稹在元配妻子去世後，他的朋友曾將一個安姓女子送給他。從姓氏看來，安氏應該不是漢人，她有個美麗的名字「仙嬪」，不知是本名還是主人或元稹替她取的。她以婢妾的身分，不明不白地進入元家，伴隨元稹熬過四年痛苦的貶謫生涯，爲他主理家務、生養孩子，在經濟窘迫的情況下忍受著無盡的勞動，在她病入膏肓時，元稹仍與朋友出外遊玩，安仙嬪孤獨地死去，死後沒有任何值錢的遺物。元稹能回報她的不過是一篇文章，惋惜她這個「不得爲人之妻者」如何地溫柔賢淑、不嫉妒，而安仙嬪所生的孩子夭折後，她在世上、在元稹心中的最後一點紀念恐怕也已消散，在元稹後來的文章中再無她的影蹤。

撇開元稹華美的文字不說，安仙嬪遭到的除了是無償的強迫勞動之外，還包含了不平等的性剝削，我們不清楚安仙嬪是否對元稹有情，但當她被原主送給元稹時，就已經預設了要滿足元稹因爲無妻而產生的性需求，她也因此懷孕生子，只是

在元家沒有主婦的情況下，她可以取得比其他奴僕稍高一些的地位。

爲婢的生死榮辱都是不由自主的，這點可能沒有族裔的差別，有些學者認爲中唐詩人白居易〈琵琶行〉中的琵琶女從身世、學藝的經歷看來，很可能是胡姬，但從琵琶女「名屬教坊第一部」看來，可能與我們談論的奴婢不同。反是白居易的好友劉禹錫的〈泰娘歌〉雖非專寫胡姬胡婢，卻更能呈現出她們可能的遭遇，這首詩的主角泰娘在青春貌美之時，遇到了一位「風流太守韋尚書」，韋尚書非常喜歡她，於是「斗量明珠鳥傳意，紺幰迎入專城居」，泰娘的身分看來像是「家妓」，一樣屬於奴籍，但她的角色介於姬妾與奴婢之間，以歌舞娛人。泰娘的歌舞經過樂工指點，隨主人到首都任官後又更精進，此時的泰娘顯然來到人生的高峰，「從郎西入帝城中，貴遊簪組香簾櫳。低鬟緩視抱明月，纖指破撥生胡風。」

花無百日紅，主人去世後，泰娘再次淪落風塵，又與另一位權貴相逢，「蘄州刺史張公子，白馬新到銅駝里。自言買笑擲黃金，月墮雲中從此始」。但第二個主人前往湖南一帶任官後，竟客死異鄉，泰娘也只能在遙遠的異鄉流浪。劉禹錫最後以泰娘的口吻哀嘆：「如何將此千行淚，更灑湘江斑竹枝。」這首詩雖有借著泰娘的身世自憐之意，但這也是當時奴婢們常見的命運。奴婢也好、家妓也罷，她們在技藝上或許能與男主人有共鳴，但在主人的家庭中卻幾乎不可能有一席之地，如安仙嬪這樣得到一張薄如字紙的哀憐也已經算是稀有，就算男主人有心給她們一個名分，但在法律上也只能是妾婢，一旦主人去世，她們也失去了保障，如牛馬一般任由主家發落。

尋常人家的奴婢姬妾如此，進入高門的胡姬也未必過得順心，在唐玄宗後宮中有一個沒有位分的妃嬪，名叫曹野那姬。曹是粟特與漢都常見的姓氏，但「野那」一詞在唐代的出土文獻中，確實常見於粟特人，其意為「受恩寵者」。原本的意義應是受神恩寵，但用在曹野那姬身上，或許也是期待她得到皇帝的寵愛吧？[3]史書

3 葛承雍，〈曹野那姬考〉，《中國史研究》2007年第4期，頁45-50。

中沒有記錄曹野那姬出身何處、幾時入唐，但她沒有任何封號，名字後面又加了「姬」，顯見她在唐宮的地位極低，我猜測她可能是粟特使節歷來朝貢時會獻上的舞姬之一。

曹野那姬之所以留名，是因爲她替玄宗生下了一個小女兒李蟲娘，但這個小公主不足月而生，或許是因此身體較弱，玄宗便命她出家爲道士。玄宗在安史之亂後把皇位讓給了兒子，退居爲太上皇後備受壓抑，身邊沒有多少親信，但他在晚年時仍掛念著這個小女兒。有一回趁著當時的太子（也就是未來的唐代宗）來請安時，對著這個孫兒殷切囑咐：「蟲娘是我的女兒，你將來要給她一個名分。」之所以不交代在位的兒子，卻託給孫子，恐怕是玄宗心知自己與兒子之間的心結頗深，唯恐反給女兒招來禍患吧？而蟲娘之所以需要老父懇切託孤，恐怕正是因爲她的母親出身低微，父親一死就再無依靠，好在代宗並未忘記承諾，登基後給這個小姑姑主持了婚事，並封她爲壽安公主。

曹野那姬在史書上僅是一閃而過的名字，因爲進入皇室，替皇帝產女而意外留名。她與元稹婢妾安仙嬪的故事，顯示了女奴們在唐代社會中作爲「不得爲人妻者」的無奈，但更多的是那些沒有留下名的女奴們。如果遇到了和善的主人，也許與同樣身分的男奴們結成婚姻，與主人一家休戚與共。假如她們也是小主人的乳母或照顧者，當小主人長大後，也可能因爲主奴之間超越階層的感情而能在主人家安養天年。也或許因爲主人「放奴」而有機會擁有自由的人生，她們的兒女也因此能成爲自由人，也許依然給他人幫傭、做工，也可能自己作點小生意，也可能成爲行商、成爲農民、成爲養馬人……從而展開不一樣的人生。

當如果遇到了不好的主人，她們可能一生都在主人家中操持勞役、早早就因爲生育過度、太過操勞而死，她們的兒女被主人家當成財產一般隨意買賣或者持續著與父母一樣的命運，主人的責打是家常便飯，對女奴施行的性暴力或者性騷擾也不會被任何法律追究，她們不能還手也不能逃跑，就算跑也很難跑遠，因爲收留逃奴的人也會吃上官司，除非她們找到了更有力的庇護者，將她們買走、脫離原有的主人，但只要沒有「放奴」，她們就仍是他人的所有物。

這些記錄著粟特女奴軌跡的契約大多是西元六到九世紀之間的文書，安史之亂後，粟特人的老家經歷過突厥人、阿拉伯人、蒙古人的統治後，粟特的一切早已不存，在黃沙中沉埋了一千多年後才陸續出土。

在這些文書被發現以前，是來自歐洲與日本的探險家們從敦煌與中亞的考古遺址中，找到了粟特的文獻，經過研究後才知道了粟特人的存在。在十九世紀之後，中亞成爲俄國的附庸，而後也隨著俄國的革命成爲蘇聯的一部分。一九三〇年代起，蘇聯的語言學家、歷史學家與考古學家開始注意到粟特的特殊性，而後開始了大規模的考古調查，從中發現更多粟特人曾經生活過的痕跡，在唐代文獻稱爲安國的布哈拉、稱爲康國的撒馬爾罕、稱爲米國的片治肯特這三處，挖掘出了古代粟特人的城市遺址，使得我們對於粟特人的一切可以知道得更多、更詳細。

然而，在這些資料中卻很難看見粟特女人，即使在阿拉伯文撰寫的《布哈拉史》、這本記錄了整個城市數百年興亡的史書中，女人的名字也是寥寥可數。然而，這個族群的歷史得以再現，卻是因爲一個女人求助的信件，也就是故事一開始提到的虎妻米薇，她絕不可能想到，自己憤怒而無助的文字，卻是一把鑰匙，打開了一扇塵封多年的門，把粟特人帶回人類的文明史中。

第三卷

前二到十九世紀，北亞，和親的中國公主們

1 兩漢及其之前的和親

一九〇六年的春天，秦尼巴赫的花園裡迎來了久違的客人，探險家斯坦因在展開他第二次的中亞考古探險之前，先到喀什噶爾接受馬繼業夫婦熱情的協助與款待。在途中，他經過了一座名爲「公主堡」的堡壘，在探險的日記中，他說自己聽當地的行旅轉述，這是一位公主從中國前往波斯時，爲了保護公主而修築的要塞。這位公主是誰實在不可考，但顯示在艱險困難的中亞山路上，並不只有凱薩琳或虎妻米薇這樣的平民新娘曾經走過，人們相信在這些山路中曾經有過壯盛無比的送親隊伍，將來自遠方的金枝玉葉嫁往他國。

斯坦因在秦尼巴赫小住期間，難免與馬繼業夫婦聊到他上一次的旅行。六年前他離開秦尼巴赫後，輾轉來到一個叫丹丹烏里克的地方，此處已有幾個探險家曾經造訪。他在荒漠中挖到了一塊木板畫，上頭畫著一個梳著華貴髮髻的女子，而她身前的另一人手指著她的頭部，斯坦因原先並不知道這是什麼圖樣，但他後來從玄奘的《大唐西域記》中找到了答案，原來版畫中的女子就是「傳絲公主」。傳說中國不讓人知道絲綢的秘密，因此嚴禁人們輸出蠶種，在出嫁前夕，未婚夫派出的大使私下面見公主，請公主帶出蠶種來幫助夫家，於是公主將蠶種藏在髮髻（另一說是帽子）中，搜身的人自然不敢動公主，於是蠶種就傳到了西域。

這塊木板被認爲是斯坦因最重要的考古收穫之一，因爲中國公主遠嫁而帶出蠶種的故事有很多，但這塊木板是少數的圖像證據。這個公主是誰？或者是否眞有其人都不重要，重要的是這塊木板用傳說包裝了技術的交流之外，也意味這些國家等級的婚姻如何影響了絲路的文化、政治與社會。

這些公主們是少數留有紀錄的跨國新娘，在中國的文獻中，大部分時候提到中國婦女與外國人的婚姻，很常是戰爭或離亂的人生悲劇。但公主們的異國婚姻不一樣，她們不是一個人進到夫家，除了奴婢之外，也可能帶上服務她的廚師、工匠，還有替她處理各種事務的管家、官員，甚至是保護她的士兵，少則數十人、多則上百成千，這些人與他們所擁有的各種技術，當然有可能因此流入公主的夫國。

而公主代表著夫國與父國間的紐帶，假使兩國友好，官方與民間的交流自然也有可能變得密切，如果兩國關係緊張，公主的處境自然會很危險，因她而起的各種交流或協議也可能中斷。因此，公主的婚姻必然與我們前面提到的婚姻都不一樣，牽涉的範圍更廣，甚至可以說，在公主的婚姻中容不得感情用事，只有政治，與其說她們是新娘，不如說是大使，只是官員有任期，而公主們必須等到丈夫離世才有可能結束外派的過程。

一想到必須離鄉背井，幾乎沒有公主不難過，這樣的幽怨與哀傷，在歷史上留下了一個刻板印象：公主遠嫁都是委屈的，而讓公主們必須遠嫁的皇帝也不情願，是因爲國勢衰弱才不得不出此下策。事實上，政治聯姻的歷史極其悠久，公主的婚姻更爲複雜。

在中國歷史上，上古時代的商王、周天子們就已經迎娶不同部族或小邦的王后，到了春秋戰國時代，各國諸侯之間互相嫁娶也是習以爲常，但如果是異民族之間的通婚，最有效而且有名的案例是秦國的宣太后，她來自南方的楚國，丈夫去世、經過多次腥風血雨的爭鬥後，由她所生的庶子登基，因爲新王年幼，就由她攝政，稱爲宣太后。

此時秦國與遊牧小國義渠屢有衝突，在宣太后執政後，義渠王前往秦國祝賀，史書上說宣太后與義渠王生下兩個孩子，又說，宣太后之子一直都想滅掉義渠，卻等了三十五年，宣太后才在兒子日夜催促之下，同意誘騙義渠王入秦殺之，而後秦國發兵攻擊義渠殘部。

宣太后在歷史上一直被視爲是慾望辣媽的代表，她與義渠王雖然在電視劇中演得相愛相殺，但在史料上的記載其實不多，這個故事中脫落的細節也不少，比如當初與宣太后有關係的義渠王究竟是不是後來被殺掉的那位？畢竟紀錄相隔三十五年，老王去世、新王與秦國關係不睦而遭害也是有可能的。但如果不論是否是同一位義渠王，在這三十五年間，可以說兩方主政者的私情也代表著兩國的關係算是和平，但顯然宣太后之子並不滿意這樣的狀態，當兒子羽翼漸豐、母親日漸老邁，兩國之間的平衡也隨之破壞。

在宣太后之後，漢高祖劉邦的元配呂后也遇過類似的處境。此時最大的外患是匈奴，而匈奴的單于曾與劉邦結為兄弟來維持兩國的和平，在劉邦去世後，由呂后執政，單于就寄了一封求婚書，表示自己剛好也沒有老婆，不如與呂后結婚互相照顧、共同執政。這封信有後代學者認為可能是出自於匈奴的收繼婚習俗[1]，但在呂后這一方卻視為奇恥大辱，呂后甚至召集親信商議出兵，最後在老將冷靜地分析情況後，知道如今的實力仍不足以擊潰匈奴，因此呂后只能回信表示自己已經年老體衰、不適合再婚，從宗室中選了一名翁主[2]嫁往匈奴。

這並不是漢帝國第一次與匈奴和親，在漢高祖劉邦還在世時，他曾經與匈奴交戰被圍，用盡了各種手段才勉強脫困，而後匈奴還是持續南下騷擾，劉邦只能以和談來避免衝突，當時劉邦非常信任的一位大臣劉敬建言，認為應該將劉邦與呂后所生的長公主[3]嫁給單于。劉敬的理由是：「陛下應該把長公主嫁給匈奴，而且還要奉上豐厚的禮物，他們知道漢不僅嫁了親女兒還有殷實的嫁妝，這些野蠻人一定會尊敬地將公主奉為閼氏[4]，公主生了兒子必然是太子，可以取代單于……老單于活著是您的女婿，單于死了就由您的外孫繼承，哪有外孫敢跟外公對抗的呢？不用兵刃相見就可以讓匈奴臣服了。如果陛下不派遣長公主，而讓宗室或者後宮假冒公主，人家也會知道的，就不可能尊敬她、也不可能親近漢，沒什麼好處。」

1 朱振宏，〈從遊牧民族收繼婚俗看漢初「嫚書之辱」——兼論收繼婚俗在歷史研究中的重要性〉，收於氏著，《跬步集：從中古民族與史學研析洞悉歷史的發展與真相》，（新北：臺灣商務印書館，2020），頁48-71。

2 翁主：在古代，皇帝的女兒結婚由三公主持，因此稱為公主，而諸侯的女兒結婚由其父（稱翁）主婚即可，因此稱為翁主。

3 長公主：在西漢時，有一陣子稱皇后所生的公主為長公主，後代制度明確後，則稱皇帝的姊妹為長公主。這裡所稱的長公主是呂后唯一的女兒魯元公主，史書認為，這是因為公主分封於魯，元也是長的意思。

4 閼氏：匈奴對於單于妻子的稱呼。

5 「情兼家國」一詞原本是用在男性皇族的墓誌上，但學者黃旨彥博士認為，公主們涉入政治的方式更符合這個詞，公主們在政治上本不具有任何權力，但她們以女兒、姊妹與姑姑的角色出發，透過血緣與親情的紐帶，藉由自己與皇帝、皇族之間的關係來發揮影響力。參見，黃旨彥，《公主政治——魏晉南北朝政治史的性別考察》，新北：稻鄉，2013。

劉敬的這套理論，顯示了公主「情兼家國[5]」的意義，把兩國的邦交放在婚姻的框架中，既是外交的考量，也是親情的拉鋸。和親公主與皇帝的親疏遠近，也決定了對方將如何對待她、如何看待帝國，這套理論成爲往後兩千年討論和親時的基本思維。

這套理論在劉邦聽來也很合理，他從來就不是個好父親，當初戰敗逃難時就曾經把一雙兒女丟下車減輕重量，一聽到把女兒嫁出去可以有益國家，自然沒有問題，即便此時的長公主早已嫁爲人婦，這個沒良心的老爸也是毫不在意。但呂后卻日夜啼哭、死都不肯答應，她告訴劉邦：「我就生了太子跟這個女兒，怎麼可以把她嫁到匈奴？」劉邦雖然捨得孩子，卻拗不過老婆，最後只能放棄計畫，以宮女假冒爲公主，派提議的劉敬陪同這位假公主去匈奴訂「和親約」。

劉敬的預測只對了一半，匈奴確實不太敬重第一位嫁去的假公主，但他所議定的和親約在漢匈之間一直被認爲是最原始的約定，雙方約定漢帝國未來也會持續以翁主嫁給單于，每年會奉上約定數量的食物、酒水與絲綢給匈奴，從此兩國結爲兄弟之邦。在匈奴看來，和親約是兩國關係的基礎，而後長達兩百年，單于們都以「故約」稱之，他們舉兵的原因，多是聲稱漢帝國違反了故約，要求照原約行事。在漢帝國看來，故約只是權宜之計，只是讓匈奴南下騷擾的事情趨緩、不要再爆發重大衝突，但往後的皇帝們無不希望有一日可以推翻故約。在第一位翁主出嫁後八年，就是呂后的時代，她怎麼也想不到，當初不讓女兒遠嫁，但單于後來卻寫信來想娶她，當年出嫁的翁主很可能已經去世，於是她又依照「故約」嫁出第二位翁主。漢代與匈奴和親的政策從高祖、呂后、惠帝、文帝、景帝，前後七十多年間有數位翁主前往匈奴，但這些翁主的名字或遭遇都沒有任何的記載，但既然陸陸續續不停地送公主出嫁，可能是這些公主都不長命，就像劉敬猜測的那樣，她們並沒有得到匈奴的重視，也沒有紀錄顯示她們曾留下子嗣，就算有，她們的子嗣顯然並不是匈奴王位的有力候選人。

在呂后去世後，漢文帝即位，他依照故約派出翁主和親，並選了一位宦官中行說隨行，被強迫中獎的中行說氣憤難平。在臨行前，他揚言自己必將成為漢帝國的

大患，隨後就向單于投誠，成爲匈奴外交政策上的重要謀臣。正因爲他來自漢地，對於漢帝國的意圖非常清楚，所以他刻意斷絕匈奴對於漢地物資的依賴，又在國書的格式上刻意放大單于的地位，藉此壓過漢。

在漢帝國的角度看來，中行說就是個漢奸，但他與漢使的一段辯論，卻顯示了他如何替匈奴的風俗辯護，也看得出他身爲漢人卻對遊牧生活瞭若指掌。史書記載，漢使針對匈奴的收繼婚提出質疑，表示這是粗俗野蠻的行爲。但中行說先表示匈奴是遊牧民族，本身就沒有太複雜的紀律，但遇到緊急事務時全民皆兵、無事時大家都很寬鬆，管理一個國家就像管理一個人的身體一樣，非常簡便，接下來他才說：「父親兄弟去世後，之所以娶他們的妻子，是不希望家族離散，雖然看來混亂，卻只會扶持自己宗族的領袖。」接著中行說開始攻擊漢使，他表示漢人不娶父兄的妻子，導致家族之間非常疏離，甚至內鬥，以至於最後由外姓得利，漢人的禮義只會讓百姓花力氣去替皇室建造宮室，最後百姓連耕作都沒有力氣，更何況要打仗？最後中行說直接開了大絕：「你們這些住在土房子裡的人也就只能說這些廢話，喋喋不休浪費我時間，就算戴著象徵禮儀的頭冠又有屁用？」

在中行說這位知漢派參謀的強勢主導下，匈奴對漢一直保持著警戒。隨著漢帝國的國勢日漸增長，皇帝們也意識到和親公主在匈奴並沒有發揮作用，漢帝國如果要與匈奴爭奪北亞與中亞的霸權，勢必一戰。到了文帝的孫子武帝時，爲了備戰時能夠有力布局，漢武帝派遣張騫去聯絡在中亞的月氏國，想斬斷匈奴的勢力。張騫一去十三年，匈奴與漢的戰爭早已越演越烈，回漢之後的張騫因爲清楚內亞而得到重用，在後來漢與匈奴的戰爭中建立功業[6]。

西元前一二一年，在漢武帝窮兵黷武的擴張下，匈奴放棄了河西走廊，但漢武

6 張騫出使的經歷如同一部諜報片，他在西元前一三九年出使後不久就被匈奴俘虜，十年後逃出匈奴，為了躲避匈奴追捕，他遍歷了內陸亞洲的綠洲與草原，也跨過了帕米爾高原，但等他來到真正的目標月氏國時，卻發現月氏無意與匈奴交惡，西元前一二八年，失望的張騫只能東返，在途中再次被匈奴所俘，直到西元前一二六年因為匈奴內部變動而順利逃回長安，所謂的「鑿空」、「張騫通西域」都是在說這段故事。當然，這是從官方的角度來看絲路，在非漢文文獻的記載上，絲路的貿易遠比張騫要早，但他博聞強記的能力顯然非比尋常，在他經過重重難關回到長安復命後，這些資訊也被留在了漢文的史書上。

帝仍不滿足，他持續派兵追擊，直到西元前一一〇年，他集結了十八萬大軍前往北方宣示主權，要求匈奴稱臣。

若說在他祖先的時代，漢帝國是被匈奴壓制，那麼漢武帝除了要擺脫這些制約之外，更要擴張自己的影響力、取代匈奴成爲當時最強盛的國家，當他擊敗匈奴之後，更向四圍擴張。漢武帝這種大國崛起的野心，也讓張騫受到重用，他發現月氏國雖無意與匈奴作對，但在月氏國北邊的烏孫國卻與匈奴關係曖昧，可以利用。

於是張騫出使烏孫，說動了年老的烏孫王遣使前往長安，張騫希望烏孫可以進駐河西走廊，更積極地抵禦匈奴，但烏孫認爲無法做到，雖是如此，兩國還是建立了緊密的聯繫。西元前一〇八年，當漢武帝發兵前往西域攻打未臣服的小國時，烏孫國連忙表示願意稱臣，而匈奴爲了阻止其他小國叛變，也宣稱要攻擊烏孫，因此，烏孫主動向漢求娶公主來穩定聯盟。

於是，在中國史上第一位留下姓名的和親公主，從長安出發，前往在粟特東北方、位於今日哈薩克與吉爾吉斯一帶的烏孫國。

細君與解憂，兩代烏孫公主的不同命運

故事要回到漢武帝奪下河西走廊的那一年，當外頭的戰爭打得如火如荼時，漢武帝下令處死自己的侄子、荒淫無道又笨到謀反的江都王，江都王只留下一個女兒，名叫劉細君。

千里之外的烏孫也正在經歷骨肉相殘之痛，烏孫老王獵驕靡的太子早逝，他想把王位傳給長孫軍須靡，但掌握大權的小兒子卻不願意，爲了保護愛孫，獵驕靡分兵給孫子到他處生活，自己則時刻提防小兒子。因此，即便張騫一再許以厚利，烏孫王自顧不暇又怎麼可能積極地抵抗匈奴呢？也因此，當烏孫試圖在匈奴與漢之間兩面討好，又兩面不是人，最後也只能先以聯姻和親作爲緩衝，在史書上說烏孫向漢求婚，但從結果猜測，烏孫可能同時向兩邊示好，只是最後留下的是漢文的文獻。

西元前一〇八年求婚，漢帝國卻在三年後才正式將細君送往烏孫，期間在史書上並沒有記載烏孫發生了什麼事，但我猜測從求娶到送嫁這段過程，烏孫、匈奴

與漢之間的關係又有了變化，三方都意識到烏孫是絲路上的關鍵少數，就在細君公主被漢帝國的使節與數百名隨從簇擁著嫁到烏孫時，匈奴也派遣了一位貴女送往烏孫，最後，匈奴貴女被立為左夫人，而細君公主則是右夫人。這個次序是有意義的，不管是在匈奴或漢都是以左為尊，所以在烏孫的角度看來，匈奴仍高於漢。

細君出嫁時應該不超過二十歲，但她並非養尊處優的千金小姐，她生長於一個雖然富貴卻破碎的家庭，她父親的荒唐也可能對她造成傷害，父母雙亡後，既是叔公、也是殺父仇人的漢武帝還將她當作棋子，送到人生地不熟的烏孫，她與匈奴來的左夫人其實就是兩國派來的大使，以她們為首的陪嫁人員就是安插在烏孫的眼線，但她沒有選擇，想要活命就只能聽從漢帝國的一切指示。

在《漢書．西域傳》中紀錄細君的片段似乎有一絲憐憫，說她到了烏孫後自築宮殿居住，有節慶時才與老王相聚，並且用各種禮物金錢贈送老王身邊的親信，但她的丈夫年邁又語言不通，再多的禮物也買不到互相理解與支持，在這種絕望中，細君寫下了一首詩歌：「吾家嫁我兮天一方，遠託異國兮烏孫王。穹廬為室兮旃為牆，以肉爲食兮酪爲漿。居常土思兮心內傷，願爲黃鵠兮歸故鄉。」

這首被後世稱爲〈細君公主歌〉或〈黃鵠歌〉的短詩，是漢代少數的女性創作，也是漢代常見的形式，卻沒有過多繁複辭藻，素樸的文字中隱含著深沉的悲傷。「吾家」把「我」嫁到遙遠的異國，從定居形式的磚瓦梁柱變成了穹廬[1]，飲食也從漢地的米麥變成肉和乳製品，這些生活與文化上的不適應，自然使得公主心中時常感傷而思念故鄉，甚至希望化爲神話中能展翅千里的大鳥黃鵠，飛回遙遠的故鄉。

〈黃鵠歌〉的悲傷似乎一度感動了鐵石心腸的漢武帝，史書記載他聽聞此詩中覺得公主實在可憐，但下一句顯示了他的憐憫實在不掛齒，因爲他只是隔年派了使臣送上更多高級的織品帳幕等裝飾品，如此而已。擁有權力的男人眼中始終只有自

1 就是我們現代俗稱的蒙古包，由支柱與圓頂撐起支架後，覆上獸毛織成的帷幕。

己，〈黃鵠歌〉寫於何時並不清楚，但細君嫁到烏孫後兩年，就遇到所有和親公主都會遇到的問題：收繼婚。

在前面我們提到過烏孫此時分裂成兩大部分，一部分是王孫，另一部分則是王子，老王還在時勉強還能壓制王子的勢力，但當他知道自己不久人世後，就不能不為王孫打算，於是，他要求細君改嫁給王孫，這也表示漢帝國將轉向支持王孫。對於細君而言，她雖然年輕卻是祖母，改嫁給孫輩實在不能接受，於是她要求拒絕，但急需烏孫來壓制匈奴的皇帝早已忘了〈黃鵠歌〉中的感傷，命令細君：「從其國俗，欲與烏孫共滅胡。」

於是，細君不得不嫁給王孫軍須靡，兩人生了一個女兒，但甫為人母一年，細君公主就去世了。細君之女的下落不得而知，但軍須靡除了細君之外，也在祖父去世後同時迎娶了匈奴左夫人，並與左夫人生下一個兒子泥靡，匈奴與漢的冤仇也再傳了下去。

細君一去世，漢武帝馬上就從宗室中再挑了一位遠親，這位身世淒涼的公主名叫解憂，不知道是誰替這位公主命名，但顯然命名者希望她聰明伶俐，而她確實人如其名，她出身楚王家族，但早在她祖父時就因爲謀反而沒落，她父親沒有爵位，顯然地位不高。細君剛去世，解憂公主幾乎無縫接軌被送往烏孫，遞補了細君的右夫人之位，由於她出身於楚王家族，在史書上也常以「楚主」稱她。

軍須靡知道烏孫經不起分裂，於是他捨棄了自己與匈奴夫人的兒子泥靡，立叔叔的兒子翁歸靡爲嗣，雙方約定，等翁歸靡去世後再將王位還給泥靡，於是烏孫再次合而爲一。雖然軍須靡與細君曾生下一女，但這感情似乎沒能延續到解憂身上，八年的婚姻中，解憂並沒有生下孩子，而列於繼承第二順位的泥靡更親近匈奴，也成爲解憂未來的隱憂。

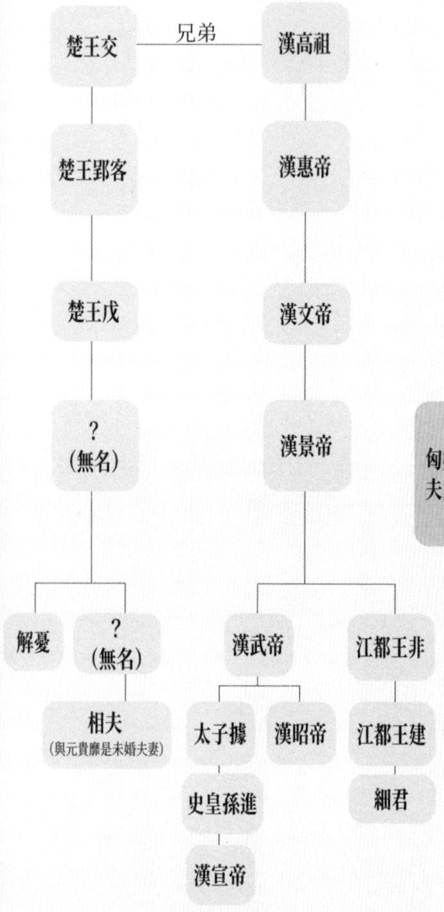

漢皇室世系表

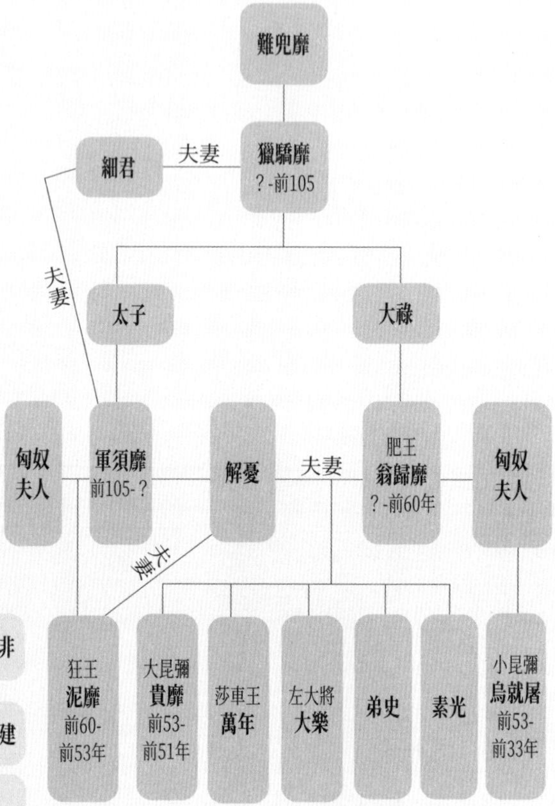

烏孫世系表

軍須靡去世時，解憂可能不超過二十五歲，她對烏孫的適應力與掌握程度比細君更好，也更長袖善舞。她將隨行的侍女嫁給烏孫貴冑，其中有一名叫馮嫽的婢女，嫁給了右大將，馮嫽不論是口才或者智慧都十分驚人，也深得解憂與烏孫人的信賴，她被尊稱爲馮夫人，甚至可以持漢帝國授予的節[2]擔任公主的代表遊走於中亞各地，替漢帝國的利益奔走。

以後來解憂涉入中亞事務的程度看來，她手下應該不只馮嫽一人，或許可說是中國史上最早的女性外交官。解憂在前八年的苦心經營沒有白費，當丈夫去世時，她也可能已經準備再嫁，所以並未向漢廷提出拒絕的要求，順勢嫁給了亡夫的堂弟翁歸靡。

2 持節：節一開始是竹節，象徵著節制之意，在漢代賦予使臣的是節杖，就是一根約八尺的竹子，上面裝飾有髦牛尾，一看就知道是奉命而來的使臣，節杖作為正式委任的印記，通常在完成任務後會收回。

在這八年局勢已經開始發生變化，匈奴雖不像過去那樣強盛，但依然屹立，倒是漢武帝連年征伐導致了嚴重的耗損，大將一一去世後，戰事失利、師老無功。而後爆發了巫蠱之禍，太子因此自殺。太子一位虛懸當然引人覬覦，而領軍在外的大將也涉入其中，雖急於戴罪立功，卻兵敗如山倒，最後畏罪潛逃、投靠匈奴，武帝對匈奴的戰爭只能暫時休兵。此時，漢帝國的內部也產生了各種問題，被權力與野心衝昏頭的漢武帝驀然回首，才發現內憂問題遠大於外患，因此暫停了對外的戰爭，兩年後，漢武帝就去世了[3]。

在漢帝國擴張暫歇之際，解憂的角色更顯重要，而再嫁也使她的處境隨之轉變。她的第二任丈夫翁歸靡顯然身材圓潤，被稱爲肥王，但兩人的感情不錯，婚姻長達三十餘年，解憂至少爲他生下了三子二女。

解憂刻意地讓兒女們接受漢文化的薰陶，因此這五個孩子幾乎都如百年前劉敬預測的那樣親漢。長子元貴靡，是未來的王位繼承人之一，次子萬年也曾一度送往長安，不知道是作爲人質以爲只是參訪，而後因中亞的莎車國王欣賞萬年、要將王位傳給他，所以萬年由漢帝國派兵送往莎車登基爲王。第三子大樂被立爲左大將，掌握了烏孫的實權。長女弟史也曾被母親送往長安學音樂，回烏孫時也由漢官員陪同，行經龜茲時，因爲龜茲國王本就曾向烏孫求婚不成，此時就乾脆扣住了弟史，遣使告訴解憂公主，解憂雖爲人母，但她顯然在評估局勢後，答應了婚事，並上書給漢帝國，希望讓女兒可以取得比照宗室的地位，可以在婚後入長安晉見。

在這段紀錄中我們沒有看到弟史的意願，只看到史書說龜茲國王上演了霸道國王逼我嫁的軟禁橋段後，又上書給漢帝國說希望跟弟史一起去長安朝見。於是，弟史第二次入長安，這次她獲得跟母親一樣的公主封號，這位漢帝國的外孫女反而征

3 漢武帝下《輪台詔》罪己一事，學者辛德勇認為《輪台詔》的內容並不可信，只是因為大將李廣利投降、戰事失利而暫緩擴張，不能代表國策的變化，更不代表漢武帝晚年曾經悔過，參見辛德勇，《製造漢武帝》，北京：三聯，2018。

服了龜茲，在她們回國後開始了漢化運動，此舉引起了許多人的嘲笑，顯示了漢文化在當時的內亞反而是一種異文化，但龜茲對於漢帝國的親近似乎持續了滿久，在弟史的丈夫去世後，繼任的國王雖非弟史所生，但仍自稱爲漢帝國的外孫[4]。次女素光雖不像姊姊那樣成爲一國之后，但也嫁給了烏孫的地方貴族。

解憂的第二段婚姻擴張了她對於整個中亞、北亞的影響力，她的丈夫統一了分裂的烏孫，規範了王室專屬的草場，不許其他貴族隨意侵入，這加強了王室所能控制的資源。她的長子、幼子與次女婿掌握著烏孫的大權，次子與長女則分別統治了鄰近的小國，而她最信任的左右手馮嫽是諸國敬重的外交家、本身也嫁給了烏孫的大人物。解憂與娘家的關係也比細君更爲緊密，漢帝國對她幾乎有求必應，解憂的「情兼家國」不只是娘家漢帝國，也需顧及夫家烏孫。因此，當匈奴攻擊烏孫時，解憂自然也需挺身而出向漢帝國求援，而匈奴顯然也感受到了解憂的影響力，因此在戰爭中的首要目標之一，就是抓到解憂公主。

解憂的求救很快就得到了回應，但就在這一年剛好遇到國喪，漢武帝的幼子昭帝年紀輕輕就去世了，爲了選定新君頗有一番周折，自然也無暇他顧，直等到漢武帝的曾孫宣帝登基才有了轉圜。宣帝即位後，解憂公主再度上書，表示匈奴大軍壓境，烏孫與漢如果沒有動作，公主肯定會被匈奴抓走，爲了抵禦匈奴，烏孫會派出一半的兵力、約五萬騎兵反擊，希望漢廷可以出兵幫忙。

或許是昭帝時代休養生息，讓漢帝國可以從武帝的瘋狂擴張中恢復過來，而宣帝可能也想恢復舊時的榮光，畢竟他的曾祖母是衛皇后，而衛皇后的兄弟衛青、外甥霍去病都是擊潰匈奴的大將，霍去病的幼弟霍光又是昭帝與宣帝時代的顧命大臣，這雙重的淵源加上解憂的懇請，使得宣帝發動了武帝晚年休兵以來最大規模的

4 在《漢書．西域傳》中的紀錄是「（龜茲王）絳賓死，其子丞德自謂漢外孫」，但在同一段落中提到弟史時，明確地稱呼她是「（解憂）公主女」，假如丞德是弟史所生，應該會明示他是弟史或解憂公主的後代，而且自稱漢外孫並不奇怪，此處只說丞德是絳賓子、又說他自稱漢外孫，意味著他不具有漢的血緣，只是因為心態上親漢而如此自稱，由此猜測丞德並非弟史的孩子。

戰爭，十餘萬漢軍兵分五路攻擊匈奴，而另一位熟悉局勢的大將則直接前往烏孫與烏孫王共擊匈奴。

只是漢軍早已不復當年，五路漢軍奔襲的都是不重要的地方，中間還有人誤判情勢，要嘛沒趕上跟烏孫會合、要嘛自己的情報不對就回頭了，倒是烏孫最後還是靠著地利之便直奔匈奴的腹心地帶，直搗黃龍，造成了致命的傷害，致使匈奴從此衰落，而後分裂。這場戰爭顯示了漢與匈奴兩國都過了軍事爭雄的高峰，只是匈奴的分裂讓它更為衰敗。

倒是烏孫看來一時風光無限，漢帝國的支持也讓解憂的地位更為穩固，邁入中年的她，也必須開始為兒孫打算。前面提到，解憂的第一任丈夫為了讓烏孫團結，將堂弟立為繼承人，將來堂弟再把王位傳回來，如此兩個世系可以互相支持，在解憂嫁到烏孫三十年後，亡夫與匈奴夫人所生的泥靡也已經成年，而解憂自己也跟第二任丈夫生了元貴靡，她當然希望排除泥靡的繼承權，由自己的兒子即位。

在擊敗匈奴的戰爭過後數年，解憂感覺時機成熟，於是由烏孫王上書漢帝國，希望改立元貴靡爲太子，並從漢再迎娶一位公主，「結婚重親，畔絕匈奴」，元貴靡本身是漢的外孫、再娶公主就是親上加親，宣帝自然樂見其成。

但此時出現了不一樣的聲音，當時主掌外交事務的大臣卻認爲「烏孫絕域，變故難保，不可許。」這當然不是考慮公主的人身安全，而是不看好烏孫能長久地維持關係，再送公主過去，唯恐破壞內亞的平衡。但宣帝不聽，爲了加強親緣紐帶，選擇了解憂的親姪女相夫，讓她住進皇家園林並預先學習烏孫的語言與文化。

數年後，就在漢帝國派人送相夫出嫁時，與解憂相伴三十餘年的第二任丈夫去世，而烏孫的貴族們卻群起反對解憂之子繼承，最後他們仍擁立了親匈奴的先王之子泥靡。變生肘腋，解憂也只能按照習俗再嫁新王，而相夫公主到底要不要繼續前進，原先反對相夫出嫁的大臣告訴皇帝：「烏孫在匈奴與漢之間搖擺不定，不能遵守約定，解憂公主在烏孫這麼多年，與先王很恩愛卻不親信，邊境仍然有許多動亂，現在的事就是驗證。相夫公主去烏孫是要嫁給新王元貴靡的，但現在元貴靡無法稱王，婚事不成也不能說我們失信，但公主若是硬要嫁過去，肯定會有戰爭。」

於是，宣帝召回相夫公主。

宣帝似乎逐漸放棄了當初擴張的野心，而他的大臣們也對內亞失去興趣，更在乎的是如何安定內部的民心，從大臣的話語中，也隱含著對解憂公主的不滿。失去娘家的支持，解憂的處境更顯艱難，而她的第三任丈夫也與她不睦[5]，解憂與泥靡其實年紀應該相差不大，但幾十年的冤仇加上匈奴與漢的積怨，促使解憂做出了一生中最大的賭注，某一次漢帝國派遣使節送侍女到烏孫時，解憂說服了使節加入她的叛亂。

那是一場烏孫版的鴻門宴，當時解憂應當居住在烏孫的首都赤谷城內，而泥靡的根據地可能不在此處。不管如何，泥靡不疑有他地前來，酒酣耳熱之際，解憂下令武士攻擊，但劍卻砍錯了地方，泥靡也不是省油的燈，雖然受傷卻在隨從的保護下脫身，上馬逃離。隨後，泥靡當然派兵前來報復，把解憂與漢使圍困於赤谷城中數月。

解憂未能靠著自己的勢力脫困，直等到漢帝國派遣軍隊前來救援。但漢帝國的使節團先到解憂這邊，正使再前往泥靡處慰問，致贈了黃金與各種禮物，留在公主這邊的則是車騎將軍長史，從職位來看，此人直屬於掌控漢帝國軍事大權的車騎將軍，而此時的車騎將軍是皇帝極其信任的老臣，從這層關係看來，長史代表著車騎將軍之外，更代表了皇帝。

因此，長史此來的工作是負責搞清楚叛亂的始末。然而，這個長史在言語上咄咄逼人、甚至出言責備，史書上說「主不服，叩頭謝」，看起來公主雖然不滿也只能叩頭準備離席表達抗議，但長史卻扯住公主的頭髮、對她大聲辱罵。

以臣下身分對公主動粗，這是前所未有的事，雖然長史後來被判了死刑，但在整場事件中，所有參與解憂叛亂或者知情不報的官員也都被皇帝問罪，此舉顯示了漢帝國並不支持解憂的叛亂行動，這使得解憂晚年在烏孫的境況變得更爲艱難。

5 在史書中雖然紀錄解憂跟泥靡生了一個兒子，但此時的解憂早已過了生育的年紀，這條紀錄顯然有誤。

一波未平、一波又起，解憂的第二任丈夫翁歸靡另有一子烏就屠，是匈奴女子所生，在解憂的叛亂中，他選擇投靠泥靡，而且宣稱要引匈奴的軍隊來支援，此舉得到其他不滿解憂的貴族支持，烏就屠趁勢而起，殺掉了泥靡自立為王。漢帝國這才知道烏孫內部的矛盾，於是派兵駐於邊界以示威脅。

不知為何，此時解憂不再出手，只是隱身幕後，反倒是當時管理西域事務的官員與解憂的左右手馮嫽商議，因為馮嫽的丈夫與烏就屠感情很好，所以馮嫽透過這層私人關係半是威脅、半是勸說烏就屠，最後烏就屠害怕漢軍壓境，所以願意自稱「小昆彌[6]」、由解憂的長子元貴靡稱「大昆彌」，而皇帝為此特別召見馮嫽，確認了烏孫的情況後，由馮嫽擔任使節回到烏孫，將翁歸靡的兩個兒子分封為大小昆彌。

雖然漢家公主的兒子、孫子終於先後在烏孫稱王，也得到了比較多的人馬，但烏孫人對解憂的兒孫並不信任，他們還是心向著匈奴與烏孫混血的小昆彌一族。或許是這情況讓解憂覺得灰心，當長子與幼子病死後，她上書給皇帝，表示自己「年老思鄉，希望可以回國，將來歸葬漢地」，公主的書信顯然感動了漢宣帝、答應了解憂的請求。

於是，經過數月跋涉，解憂公主在兒孫的陪伴下回國，少女時離鄉，五十年後回轉故國，已經是白髮蒼蒼的七十歲老婦，當初送她離開的漢武帝早已去世多年，武帝的曾孫宣帝親自迎接，以豐厚的田產奴婢來照顧這位替漢帝國效力半世紀的公主。隨著公主一同還鄉的還有馮嫽，在公主的孫子即位後似乎烏孫還有動亂，經過上書提議後，馮嫽再次成爲使節去安撫烏孫，這也是她最後一次出現在史書中。

解憂公主在回漢兩年後去世，此後幾代的烏孫大昆彌都是她的後裔，但史書上說「自烏孫分立兩昆彌後，漢用憂勞，且無寧歲」，解憂公主離去，代表著漢帝國再也無法控制烏孫的局勢，而後，西漢也逐漸走向衰敗。

對於漢帝國而言，如果說最大的外患是匈奴，那麼最大的隱憂就是外戚，從呂后開始，漢帝國的太后與皇后們就一直非常活躍，她們的親戚也因此雞犬升天。在現代生活在民主體制的人看來，這層裙帶關係肯定是用人唯親、不能選賢與能，但在專制政體下，忠誠與才幹若能兼得是最好，如果不能，忠誠更為重要，而皇親國戚與皇室的利益一致，自然也更容易得到重用。

在解憂公主歸漢的那一年，宣帝也喜迎金孫，金孫之母王政君後來扶搖直上，身居皇后、太后、太皇太后之位超過六十年，可以說西漢末年的政局泰半與她有關，只是她沒有想到，自己算計了一輩子，最後被親侄子王莽篡奪了江山。

在王政君崛起的這段時間，漢帝國與匈奴的關係也與前期大不相同，匈奴內部動亂不斷，先是分成南北匈奴，又陸續五個單于自立而起，互相征伐不斷，其中以呼韓邪單于先擊敗其他人，但仍有人不服，於是，呼韓邪單于在漢宣帝時親自到長安稱臣求援。這是西漢歷史上第一次有匈奴單于親自前來，於是漢宣帝當然馬上派兵相助、給予糧食，又派大將攻擊呼韓邪的敵人，最後將呼韓邪送回了北方，雙方保持了將近二十年的和平。西元前三十三年，漢帝國已由王政君的丈夫元帝統治，呼韓邪再次來到長安懇請和親。

說了這麼多，無非就是說明到了西漢末年時，漢匈之間的強弱之分已經逆轉，漢元帝與呼韓邪已是君臣關係，而呼韓邪再次入漢提出的要求是「願婿漢氏以自親」，意思是希望給漢皇室當女婿來拉近彼此的關係。在漢強匈弱的狀態下，漢元帝沒有派遣宗女、只是「敕以宮女五人賜之」，簡單地說，雖是兩國聯姻，但呼韓邪並非「漢婿」，而是受賜的臣子。

在中國史上，宮女被認爲是皇帝的所有物，皇帝或皇室中人有權力打罵、奴役她們，也可以任意賞賜給人，雖然她們都是出身「良家」，也就是家世清白的平民，但在皇宮中的待遇僅比操持粗活的奴婢好一點而已。除了清代以外，中國史上的宮女都是十幾歲入宮後，老死於宮牆之內，除非遇到什麼災禍，皇帝爲了做功德

弭平災難，才有可能將一些年紀大的宮女放出宮，但她們在宮中生活了大半輩子，也與家人沒什麼聯繫，出宮之後又要去哪裡生活？這些困難在史書中都沒有紀錄。即便留在宮中，要想出頭就是成爲皇帝或皇子的姬妾，但此後的風險依然很高。

如果無法成爲后妃，又不甘心離開皇宮成爲平民，要怎麼辦呢？呼韓邪的到來，讓漢元帝後宮的一個女子燃起一線生機，她的名字叫王嬙、字昭君，成書較早的《漢書》只記載了名字，稍晚的《後漢書》則補上了一些細節，史書說她入宮數年都無法成爲妃子，心中有頗多不滿，而呼韓邪前來求親時，皇帝命令後宮選出五名宮女送往匈奴，當時大部分的宮女都不願意，但王昭君卻表示自願前往。

當呼韓邪單于即將離開長安時，漢元帝舉行了餞別宴席，史料在這裡的記載非常戲劇化，元帝在此之前並沒有召見過這五名宮女，但在那一天，昭君細心打扮了一番，當她與其他宮女一起入席時，光豔動人的美貌與眼波流動之間，使得在場衆人都爲之震動，漢元帝甚至想留下她，但單于也在現場，不想失信於匈奴的皇帝也只能目送著昭君離去。

學者劉靜貞教授認爲，《後漢書》雖然時代晚於《漢書》甚遠，但透過這段描寫，凸顯了昭君的謀略機智與主動要求和親[1]。換言之，在史書中的昭君並非纖弱悲悽、懷抱琵琶幽怨和親的弱女子，和親對她而言，更像是參透宮中的人情冷暖後，奮力一搏的豪賭。

雖然昭君後來頗受寵愛、被尊爲「寧胡閼氏」，但早在昭君嫁到匈奴之前，呼韓邪身邊早已妻妾成群，其中最重要的兩位閼氏都是匈奴貴族呼衍王的女兒。姊姊生了兩個兒子、妹妹則生了四個，從姊姊地位比較貴重，但妹妹反而稱大閼氏、生的孩子年紀又比較大看來，可能是妹妹先嫁給呼韓邪，而後姊姊輾轉再嫁。總之，在呼韓邪病重時，想立姊姊的兒子爲繼承人，但姊姊認爲自己的兒子年幼，如果此時立了年少的君主，恐怕又會陷入混亂，反正姊妹是一家人，不如立妹妹的兒子，之後再傳回來。但妹妹這邊反而認爲，姊姊的身分貴重，不應該捨貴立賤，就算君主年幼，由大臣輔佐就可以了。這對姊妹的考量，反倒顯示了遊牧民族的王后們如何理解草原上的政治動向，呼韓邪最後聽從了姊姊的建議，將王位傳給妹妹的兒子，但約定要按照年紀大小，兄終弟及地傳承，於是，呼衍姊妹的兒子們依序傳了五位，直到她們的兒子都去世後，才由庶子繼承。

1 劉靜貞，〈歷史記述與歷史論述——前後漢書中的王昭君故事辨析〉，《中國婦女史讀本》（北京：北京大學出版社，2011），頁47-63。

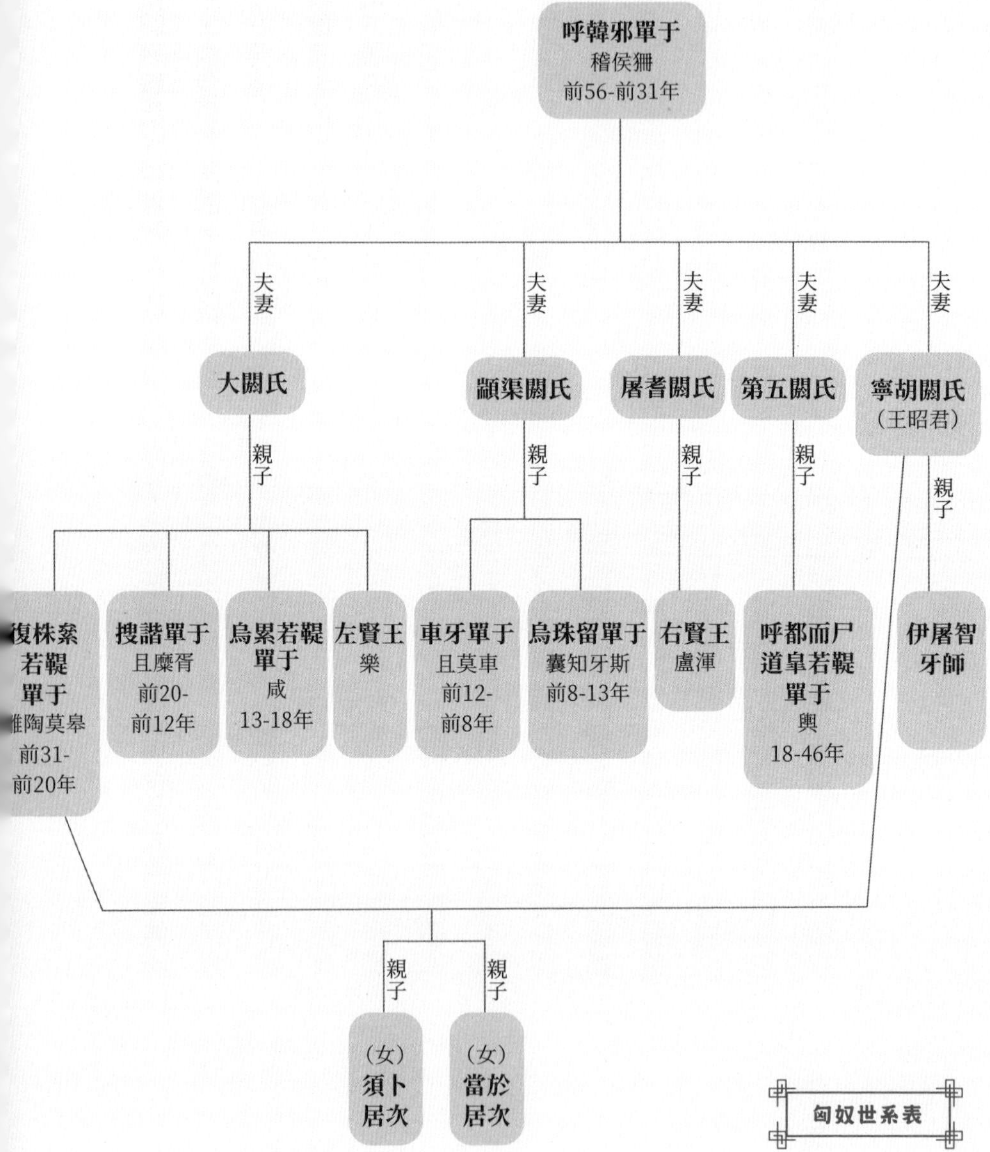
呼韓邪單于
稽侯狦
前56-前31年
夫妻
夫妻
夫妻
夫妻
夫妻
大閼氏
顓渠閼氏
居者閼氏
第五閼氏
寧胡閼氏
（王昭君）
親子
親子
親子
親子
親子
復株絫若鞮單于
雕陶莫皋
前31-前20年
搜諧單于
且糜胥
前20-前12年
烏累若鞮單于
咸
13-18年
左賢王
樂
車牙單于
且莫車
前12-前8年
烏珠留單于
囊知牙斯
前8-13年
右賢王
盧渾
呼都而尸道皋若鞮單于
輿
18-46年
伊屠智牙師
親子
親子
（女）
須卜居次
（女）
當於居次

匈奴世系表

當昭君嫁給呼韓邪時，呼衍姊妹的兒子們多已成年，雖然昭君在婚後很快生下了一子，名伊屠智牙師，但這段僅只短短兩年的婚姻還不足以影響匈奴的局勢。當呼韓邪去世後，就像當初的細君公主一樣，昭君隨即上書希望回國，但被拒絕，於是她再嫁了大閼氏的兒子復株絫單于、生了兩個女兒，後來依照她們丈夫的氏族而稱爲須卜居次和當於居次[2]。

史料上並未記載昭君去世的時間，她在復株絫單于去世後就沒有再嫁的紀錄，她可能並不長壽，她本人可能也無法像解憂公主那樣強勢介入匈奴國政，但在西漢末年的史料顯示，她的兄弟與侄子被封爲「和親侯」，專門負責與匈奴的事務，顯示雖然昭君並未正式受封公主，但漢帝國仍持續與她聯繫。

2 居次：匈奴對於王女的稱呼。

昭君本人的作爲在史書中並不明顯，但她的兒女們卻在後來的匈奴歷史中扮演了重要角色。呼韓邪與呼衍姊妹的兒子們陸續傳了五任單于，他們兄終弟及地建立了一套穩定的秩序，傳到第四個烏珠留單于時，與漢帝國之間發生了一些政治衝突，當時執政的是王太后的侄子王莽，要求匈奴派遣須卜居次到漢帝國來侍奉太后。學者劉靜貞教授認爲，這是因爲太后攝政的關係，所以除了匈奴原本就派遣的王子之外，另外加派王女入侍，但須卜居次此行不只是侍奉太后那麼簡單，除了可見王莽干涉匈奴的意圖之外，須卜居次本人對於漢匈關係的意願與想法也不可忽視[3]。

須卜居次與王莽之間的關係頗深，王莽在幾年後篡位自立，成爲新朝皇帝，他想分化匈奴以降低風險，因此曾派人將呼衍姊妹的小兒子誘到雲中，強迫立爲單于，雖然這個小兒子後來逃回匈奴，但也種下了新朝與匈奴之間的心結，後來還發生了許多事，最後這個小兒子在須卜居次丈夫的支持下成爲烏累單于。有擁立之功的須卜居次非常清楚新單于必須得到王莽的支持，於是她與丈夫派人到邊關要求見和親侯，由王昭君結成的紐帶再一次運作，促成了烏累單于與王莽的暫時和平。

烏累單于只在位五年，王位依然傳給了異母弟輿手上，須卜居次帶著丈夫、孩子與外甥（昭君的另一個外孫）擔任匈奴的特使，前往邊關與和親侯會面，但他們沒有想到，王莽是想扶植須卜居次的丈夫爲單于，更進一步控制匈奴。此舉自然使得新單于大怒，新匈的衝突更爲劇烈，加上新朝的軍隊調集不及，擁立須卜單于一事自然不順利，不久後，須卜單于旋即去世。而須卜居次與其子也沒有離開漢地，因此，他們在新莽末年天下大亂時沒能即時返回匈奴，在綠林軍攻陷長安時，生於匈奴的女兒與外孫竟葬身於母親昭君的祖國。昭君的兒子此時又在何處？伊屠智牙師大約也是在須卜居次擔任特使的前後，被剛即位不久的單于殺害，昭君的血脈從此消失。

3 劉靜貞，〈歷史記述與歷史論述——前後漢書中的王昭君故事辨析〉，《中國婦女史讀本》，頁52。

此後千年，昭君的故事被加油添醋抹上層層油彩，最靠近昭君時代的是漢晉之間成書的筆記《西京雜記》，書中說元帝後宮實在太多人了，所以他都看圖來選人，因此宮人都賄賂畫工，而昭君不肯，因此無法見到皇帝，後來從後宮選人時也是看著圖像選，因此選到了昭君，臨別一見讓皇帝後悔難當，才知道畫工騙了他，於是把畫工全都斬首抄家。

《西京雜記》的紀錄幾乎是貼著史書的縫隙勾勒，時至今日我們所聽說的王昭君故事都已經是明清小說或戲曲各種渲染過的版本，故事的梗概大致如下：王昭君才貌雙全、正直清白，在選入漢宮後因爲不肯賄賂畫師，被畫師存心醜化（一說是點了個破相的痣），因此在漢宮多年不得見皇帝，後來終於與皇帝相見，皇帝愛上了昭君，當然要責罰畫師，於是畫師帶上昭君的眞實畫像潛逃到匈奴，煽動匈奴單于，色慾薰心的單于於是大軍壓境，要求漢帝交出昭君，爲了救國，昭君只能含淚拜別，在出塞後昭君要求單于殺了畫師才肯成婚，大仇得報後，她卻以完璧之身自殺，傷心的單于將她葬於途中，昭君的墳上總有茵茵碧草，因而稱爲青冢。

在這個版本的故事中，漢帝國與王昭君都是被迫無奈的受害者，爲了讓昭君是潔白無瑕的烈女，也抹去了她生兒育女的事實，以免她被匈奴「玷汙」，這種對於貞節與族群之間的偏狹，應該是宋明之間創造出來的，並非眞實的歷史。

但眞實的昭君究竟是什麼樣子？正如劉靜貞教授所言，能在匈奴存活下來的昭君，應當有她自己的盤算。我想像的她不是悶坐雕鞍、總是以淚洗面的柔弱女子，當她放棄宮鬥戲中的扭捏作態、決定投身匈奴時，她就踩進了牽動歐亞草原的大局中。

西漢被新莽篡奪，而西漢的遠支宗室劉秀在新莽天下大亂時崛起，成爲東漢的開國君主光武帝，在東漢時，匈奴已經分裂爲南北，雙方都曾向東漢求和親，但經過各種討論後，東漢的皇帝們似乎都沒有明確地嫁出任何公主。換言之，昭君應該是西漢與東漢最後一位和親的新娘，在她之後長達百年的時間，東漢對於和親帶來的實質效益都抱持著疑慮。

插曲：蔡文姬

在漢與匈奴的戰和無定中，邊關地區的漢人確實是有可能因爲劫掠、行商、遷移等因素而進入匈奴，在遊牧民族的概念裡，劫掠或者戰爭得來的俘虜就是奴隸，例如東漢末年的才女蔡文姬，原本在河南一帶的娘家，在軍閥董卓帶來的混亂中，她被匈奴擄往北方，成爲左賢王的姬妾，在匈奴十二年、生了兩個孩子，後來因爲權臣曹操與其父蔡邕的情誼而被贖回，但我們可想見，如蔡文姬一般遭遇的女性應該有更多，只是她們的故事並沒有被記錄下來。

蔡文姬晚年回憶這段驚恐的日子時，寫下了《悲憤詩》，那場動亂顯然來得又急又快，強盛的騎兵迅速攻入城中結殺，使得原先平靜的小城裡變得破敗而恐怖：「卓衆來東下，金甲耀日光，平土人脆弱，來兵皆胡羌。獵野圍城邑，所向悉破亡，斬截無孑遺，屍骸相撐拒。」

飽讀詩書的蔡文姬雖是大學者的女兒，也不得倖免，她被匈奴騎兵綁在馬後，這次的劫掠帶走了許多俘虜，蔡文姬認爲可能有萬人，爲了不讓俘虜群聚生事，嚴禁聚集也不准交談，稍有不從，輕則挨打、重則喪命，悲苦哭號的俘虜們求生不得、求死不能：「馬邊懸男頭，馬後載婦女，長驅西入關，迴路險且阻。還顧邈冥冥，肝脾爲爛腐，所略有萬計，不得令屯聚。或有骨肉俱，欲言不敢語，失意機微間，輒言斃降虜。要當以亭刃，我曹不活汝，豈復惜性命，不堪其詈罵。或便加棰杖，毒痛參並下，旦則號泣行，夜則悲吟坐。欲死不能得，欲生無一可，彼蒼者何辜？乃遭此厄禍。」

在史書上紀錄，蔡文姬最後落到匈奴左賢王手上，但從詩作提到是董卓軍將她擄走的，我們不知道這中間究竟還遭遇了什麼事，十二年的塞外生活讓她對家鄉的思念越深也越痛：「邊荒與華異，人俗少義理，處所多霜雪，胡風春夏起。翩翩吹我衣，肅肅入我耳，感時念父母，哀歎無窮已。有客從外來，聞之常歡喜，迎問其消息，輒復非鄉里。」

當父親的友人曹操派人來贖她時，她自然毫不猶豫地答應，但這也表示她必須

在匈奴生下的孩子分別，孩子顯然還未成年，抱著即將離別的母親哀哀求她留下，母子之間的牽絆依戀使她一度心生動搖：「邂逅徼時願，骨肉來迎己，己得自解免，當復棄兒子。天屬綴人心，念別無會期，存亡永乖隔，不忍與之辭。兒前抱我頸，問母欲何之？『人言母當去，豈復有還時。阿母常仁惻，今何更不慈？我尚未成人，奈何不顧思！』聞此崩五內，恍惚生狂癡，號泣手撫摩，當發復回疑。」

與文姬同時被抓到匈奴的漢人顯然不少，當他們聽說文姬要離開時，一方面羨慕她可以回去，一方面也為此感傷，他們聚集起來為她送行，此去三千里，既是生離，大半也是死別：「兼有同時輩，相送告離別，慕我獨得歸，哀叫聲摧裂。馬為立踟躕，車為不轉轍。觀者皆歔欷，行路亦嗚咽。去去割情戀，遄征日遐邁。悠悠三千里，何時復交會？」

這首《悲憤詩》很長，幾乎就是文姬的自傳，從她遭遇劫掠開始，這段創傷記憶在她心中造成了無法平復的傷痕，多年後回想起來依然歷歷在目，文姬歸漢後，《悲憤詩》並未就此告終，她在曹操的安排下再婚，而後也因為她的博聞強記留下了許多已然離散的文獻，她成為東漢到三國時代受人敬重的女學者與詩人，而她遭逢離亂與劫掠的見證，也是中國史上絕無僅有、來自女性視角的慘痛之聲。

2 武威公主與和親的皇帝們

擁抱生身之國的武威公主

前面我們已經提過「和親」一詞始於漢代，是爲了「和」而結成的「親」，不管是漢帝國對烏孫或匈奴，終究都是農耕民族與遊牧民族兩種截然不同的族群，因此，當然也會有「文明／野蠻」的標籤，尤其當收繼婚、住氈帳等巨大的風俗差異產生時，來自漢帝國的公主們一般很難適應。

我們也已經討論匈奴與烏孫的王廷中，都不只有一位來自漢帝國的王妻，更多的妻妾是來自同屬遊牧民族的部落，而這些女性對於遊牧民族的規則自然比漢地的婦女更清楚，就像前面提到的兩位呼衍闕氏其實主導了南匈奴長達數十年的政治更替，她們兩人的勢力與手腕可見一斑。

但漢末到北朝的遊牧民族婚姻又是什麼樣態？《後漢書》裡有一段很重要的記載，其中論述的主題是烏桓人，這是依附於匈奴的部族，而他們的婚俗與後來的鮮卑人相去不遠，史書說烏桓人的性格凶暴，「怒則殺父兄，而終不害其母，以母有族類，父兄無相仇報故也。」這個段落被一些學者認爲是烏桓有母系社會的遺緒，但我個人認爲，與其說是母系社會，不如說是烏桓人看待母親或妻子爲其原生部落的代表。

在婚姻的選擇上，如果是一般的遊牧民，享有一定的自由，雙方交往一陣子之後，男方備好聘禮與牛馬家畜去提親，但如果是部落首領或者族長，仍需考量家族勢力而選擇合適的對象。新郎婚後要先住在女方家一陣子，替女方操持各種勞役後，然後才能帶著妻子與妻子的嫁妝建立自己的家庭，這種婚姻稱爲「服役婚」，這樣的婚俗在北亞草原上存在的時間肯定超過千年，早於《後漢書》成書的四世

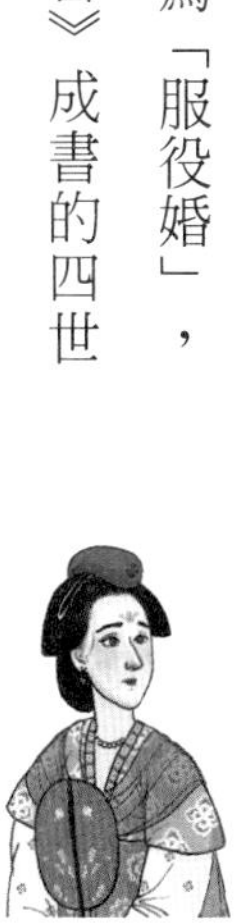

紀，至少到了十三世紀的蒙古時代仍然存在，而且不限於一般的牧民，就算是部落首領也會遵循這種傳統，例如建立了蒙古汗國的成吉思汗本人就曾經被父親許婚而留在岳父家數年。服役婚的記載遍布世界，西亞的《聖經》裡記錄過，猶太人的祖先雅各爲了迎娶表妹而在舅舅家工作多年，這顯示了對遊牧民族而言，人力是重要的資產，不論男女都很珍貴，要將女兒帶離原生家庭的人就必須付出一定程度的勞力來交換。

從人力是資產的角度來看，就不難理解《後漢書》在這段紀錄後面還提到的「收繼母、報寡嫂」，這也是因爲遊牧民族的生活並不輕鬆，失去成年男性的家庭會變得十分脆弱，無人抵禦猛獸與劫掠，也無人可以從事重勞動或放牧大型牲畜的工作，因此，同一父系家族的男性就必須承擔起這個責任，這與西漢時中行說認爲收繼婚是不希望家族離散的觀察也是一致的。因爲男性大部分時候都在勞動與戰鬥，家庭的大小事或者人際關係之間的權衡，成爲女性的專業領域，《後漢書》也因此提到「計謀從用婦人，唯鬥戰之事乃自決之。」在許多討論內亞不同族群的漢

文紀錄中，都很常見到男人聽從婦女計策的說法，之所以被記下來，就是因爲與漢地「女無外事」的傳統不同。

這樣看下來，我們很難說遊牧民族是母系社會，整體看來，仍是以父系爲主的部落，只是女性被賦予了管理家務的責任，而特別出色的女性也比較容易被她們的丈夫或者兒子視爲可信賴的顧問，因此，女兒們也被預期要成爲一位能夠管家、有能力單獨撐起局面的女性，從家、部落到遊牧汗國都是如此。

在三國之後，晉帝國短暫的統一很快就破敗，遊牧民族在西元四世紀初進入中國北方，迫使晉帝國退守到長江以南，此後的北方大約有一三五年時間由不同的遊牧民族與地方豪強建立政權，他們互相攻伐也各自結盟，就是所謂的五胡十六國時代，在亂世中，婚姻成爲結盟的重要保證，而攻伐之時落敗的一方，也不得不將女兒送入勝者的宮廷。

在西元四三九年統一了華北的北魏太武帝是北魏的第三代皇帝，在此之前，他們自稱爲「大代」，是由鮮卑人拓跋氏族建立的國家。亂世的皇帝大多起於年少卻不長命，太武帝即位時只有十六歲，在整頓了內政後，展開了長達十二年的征戰，好聽點說，他是個雄才大略的君主，從負面來看，他既狡猾又狠毒，一點一點地蠶食華北的各個國家，並將這些敗戰國的公主們納入後宮。

太武帝霸業的最後拼圖，是河西走廊上的北涼國，太武帝先迎娶了北涼公主，又將自己的妹妹武威公主嫁到北涼，早有元配的北涼王不敢拒絕，只好將原本的王后送到酒泉，王后不久就去世了，她也是其他小國的亡國公主，其母在女兒去世後，只是撫著女兒的遺體，沒有流下眼淚，平靜地說：「妳國破家亡，現在才死實在是晚了。」淡淡的一句話，透露出亂世中即便貴如王后公主依然身如飄萍的無奈。

在北涼國都，此時正在舉行婚禮，爲了表示友好，太武帝讓妹妹在北涼可以稱王后，回到北魏才稱公主，兩國之間雖然一大一小，但似乎還能取得平衡。不過北涼王也對武威公主非常提防，加上他愛上了自己的寡嫂李氏，這位李夫人又與北涼王的姊姊一起合謀對武威公主投毒，還好太武帝派遣的御醫即時趕到，才救下公主

的性命。此事傳回北魏，太武帝自然大怒，命令北涼交出李夫人，但北涼王虛以委蛇一番後，仍然沒有交出人來，加上其他的事情，兩國之間本就脆弱的信任也瀕臨破碎。

西元四三九年，太武帝發兵滅了北涼，在史書中記載，此次的戰爭中，武威公主作為北魏的內應，立有大功，因此太武帝對這個妹妹更是寵愛有加。公主與北涼王回到北魏首都平城，一開始太武帝還能禮遇北涼王，但終究還是容不下他，於是，北涼王花了很長的時間與武威公主訣別後，被太武帝的使者所殺。

史書上沒有記載武威公主的心境，而她身為北魏皇帝的妹妹，是不是一開始就身負了高級間諜的使命？那麼，她對丈夫有情嗎？如果無情，那最後的訣別為什麼長到需要在史書留下記述？如果有情，當丈夫的情人與姊姊下毒害她時，她又怎麼能不傷心？是不是在這件事之後，她才狠下心轉向了不會背叛她的哥哥？

在北涼王去世後，太武帝命令親信大臣離婚好迎娶公主，並給這位新妹夫加官晉爵，甚至死後追封為王。武威公主與北涼王只生了一個女兒，她在母親死後「襲

母爵」，成為空前絕後的武威公主二世，在中國史上，公主歷來只能是皇帝的女兒、不可世襲，但武威公主母女在北魏四代皇帝統治下榮寵不衰。

武威公主二世與她母親一樣活躍，在她繼承母爵前後，北魏的政治有過一段動盪期，最後由太武帝的兒媳文明太后獲勝。武威公主二世是文明太后的閨蜜，自然權勢滔天，因為父族北涼王族絕後，她命令第一段婚姻所生的高姓兒子改姓繼承香火，當她再嫁另一位皇室親族司馬家後，又生了一個兒子，當第二任丈夫去世後，文明太后越過司馬家前妻所生的兒子們，將爵位傳給了武威公主二世的孩子。

武威公主的故事與前面漢帝國的和親公主不同，但身為遊牧王朝的女性，她似乎更明白自己所代表的勢力，當兩者發生衝突時，她也毫不猶豫地擁抱生身之國，而皇帝們也以破格的待遇來獎勵她對北魏的忠心。

茹茹公主們

北魏經過中期的強盛之後，陷入了因族群糾紛而產生的衰敗，最後強烈主張鮮卑傳統的六鎮軍南下攻破洛陽，在紛亂之後，北魏分裂成東西，分別由權臣把持，而後東魏被高氏所奪成爲北齊，西魏則由宇文氏所篡成爲北周。在這段分裂期，北亞草原的霸主也從原本的匈奴、鮮卑變成了茹茹[1]。

茹茹的起源有點複雜，有人認爲他們是匈奴的後裔，但比較可信的是，他們的第一位可汗原是鮮卑拓跋部（後來的北魏）的奴隸，在他們崛起之後，與北魏征伐不休，在北魏中期，他們也曾一度請求迎娶北魏公主，但並未成功。

1 茹茹：也稱柔然、蠕蠕，前者是北史紀錄的稱號，後者是北魏末年的醜化用語，茹茹則見隋唐時代所寫的史書之外，考古資料如東魏茹茹公主墓或雲岡石窟中有「大茹茹國」稱號，顯然是他們認可的漢文翻譯，故沿用。

到了北魏末年，爭奪汗位失敗的貴族阿那瓌逃北魏尋求支持下，最終於西元五二二年被迎回茹茹，成爲第十三位可汗。因此，當北魏發生六鎮之亂時，阿那瓌也出兵相助，等到北魏分裂時，兩邊也都竭力地拉攏他。

兩國競相向茹茹求婚，西魏立國未穩，只好祭出利多，除了將遠支宗室封爲化政公主嫁給阿那瓌的弟弟，同時，由皇帝本人迎娶阿那瓌的女兒，這應該是中國史上第一次有皇帝本人和親的紀錄，但兩邊都是遊牧民族，北魏也早有迎娶他國公主爲后的紀錄，會提出這樣的條件並不奇怪。

即便皇帝此時早有結髮之妻，爲了表示誠意，只能命髮妻出家。於是，阿那瓌的女兒郁久閭氏帶著七百架車、一萬匹馬與一千頭駱駝的豐厚嫁妝南下，這位十四歲的皇后是阿那瓌的長女，離開生身的草原、嫁給比自己大十八歲的西魏皇帝，理論上應當忐忑不安才是，但茹茹皇后在強大的軍威撐腰下，毫無畏懼地面對西魏。

史書記載，在茹茹以東向爲貴、在西魏則以南向爲貴，所以茹茹皇后一路行來，不管帳篷開口或者座位都是向東，走到半路上，西魏的使臣送來了皇后的儀仗，使臣請她照西魏的規矩一切改南向，但這位年少的皇后卻說：「我未見魏國之主，就還是茹茹的女兒，你們的儀仗盡可以朝南，但我仍要向東。」

我自己認爲茹茹皇后的這段話非常珍貴，在過去以中國爲中心的歷史書寫中，遊牧民族被醜化成不文明的野蠻人，當他們進入中國時，似乎總要驚訝讚嘆、積極漢化，北魏本身也經歷過非常激烈的漢化運動，間接導致了滅亡。但十四歲的茹茹皇后生於六鎮之亂發生的那一年，長於北魏衰敗、茹茹崛起的時代，對她而言，茹茹是令她自豪的生身之國，即便面對西魏的皇帝，她依然是驕傲的茹茹之女。這可能是中國史上第一次有遊牧民族的女性，公開地宣示她的認同。

茹茹皇后一路南行，她年紀雖小卻不容易操弄，史書說她「容貌端嚴，夙有成智」，尤其當她知道皇帝念念不忘髮妻時，她嚴正地抗議，於是皇帝只好將廢后送往更遠的秦州，但仍命她留起長髮，一有機會就要再召她入宮。茹茹皇后卻不好惹，婚後兩年，她身懷六甲時，阿那瓌舉兵度過黃河，揚言是要替女兒撐腰，西魏皇帝雖然口中說不相信有人會爲了女兒舉兵，最後卻仍賜死了廢后，史書沒有記錄

阿那瓌爲何渡河，但在廢后去世後，他就退回茹茹，不管他這次出兵有何政治目的，茹茹皇后的作用不可小覷。

同一年稍晚，茹茹皇后即將臨盆，在產前就開始出現一些不祥徵兆，生產時她看到了一個盛裝的婦人出現，問她是誰，但旁邊的醫生或巫師都沒有看見，有人認爲那可能就是被逼死的廢后，茹茹皇后生下了孩子，卻旋即去世，年僅十六歲。

阿那瓌對茹茹皇后的父愛主導了這段時間的歷史，當他與西魏有翁婿關係時，當然與東魏有各種衝突，東魏當時眞正的統治者是權臣高歡，當高歡聽說茹茹皇后去世的消息時，他馬上派出能言善道的大臣趕往阿那瓌的汗帳，這位大臣點出了兩個要點，其一，西魏嫁到茹茹的公主是假貨、根本不是皇室宗親，其二，茹茹皇后是西魏害死的，前者還可忍，後者被害怎麼可以算了？而後他表示東魏願意加碼，不但補一位眞的皇室宗親過來，還願意幫忙替皇后報仇雪恨。

這番話打動了阿那瓌，於是兩國之間開始了頻繁的往來，茹茹皇后去世不到兩年，先是東魏從遠支宗室、同時也是高歡親信的元鷙家族中選出蘭陵公主[2]嫁給阿那瓌的太子，蘭陵公主的所有嫁妝都由高歡親自置辦，非常豐厚，高歡本人雖然國事繁忙，仍抽空送嫁，顯示了對茹茹的重視。接著，阿那瓌又將自己的孫女，嫁給高歡的小兒子。這位小公主在東魏生活了九年，但還未成年就去世了。

兩國之間的關係看似和睦，數年後，有風聲傳來，說茹茹想與西魏聯合攻擊東魏，高歡正在病中，於是他派使臣前往茹茹替長子高澄求親，其實就是加碼想穩固聯盟，阿那瓌表示自己還有一個愛女，但是他說：「高王自娶則可。」

這位茹茹公主與大姊茹茹皇后結婚時的年紀一樣，才十四、五歲，但高歡早有結髮之妻，消息傳回洛陽，高歡非常猶豫，但高歡之妻並不生氣，她是被當時的人們驚嘆稱頌的奇女子，慎謀能斷的程度不亞於丈夫，而且兩人生下了不少兒女，她

2 蘭陵公主：史書記錄蘭陵公主是常山王／華山王元鷙的妹妹，但此時元鷙已六十九歲，在當時是罕見的高壽，他的妹妹肯定已經超過三十歲，不可能嫁給茹茹太子。這位蘭陵公主比較有可能是元鷙的女兒、下一任華山王的妹妹。

有好幾個成年的兒子，一旦高歡去世，按照鮮卑的傳統，茹茹公主只能再嫁她的兒子們，因此她與兒子聯手鼓勵丈夫答應，還讓出了正妻的位置與房間，讓聯姻可以成功。

茹茹公主浩浩蕩蕩地來到洛陽，她與姊姊一樣有高度的民族自信心，史書記載，她一生不說漢語，這比茹茹皇后更爲激進，因爲洛陽被認爲是鮮卑漢化運動的中心，但茹茹公主對漢文化的一切不屑一顧。

茹茹皇后的慘劇讓阿那瓌更加提防，他派遣自己的弟弟隨女兒前往洛陽，而且囑咐他待在洛陽，要等到女兒生了外孫才可以回去，這位盡忠職守的叔叔就一路守護著侄女。此時的高歡身體狀況不佳，有時未能來看望公主，公主的叔叔就會生氣，直到高歡親自前來賠罪爲止。

婚後不到兩年，高歡就去世了，茹茹公主再嫁高歡的長子高澄，據說高澄十分俊美帥氣，但個性也是喜怒無常，史書上沒有記載他與茹茹公主相處得如何，只知道茹茹公主爲他生下一女，隨後就去世了。

在兩個女兒接連去世後，阿那瓌的氣運也似乎走到了盡頭，因爲有鍛造技術而被茹茹視爲「鍛奴」的突厥[3]崛起，與茹茹交戰，戰勝後想求婚締結同盟，但阿那瓌怒斥：「你是我的鍛奴，怎麼敢說這種話！」雙方因此決裂，突厥轉向西魏結盟，西魏也將一位公主嫁往突厥。在茹茹公主去世後四年，突厥大破茹茹，阿那瓌戰死，歷史也走進了下一個階段。

從北魏到茹茹、從武威公主到茹茹公主，我們可以看到北亞草原的霸權轉移模式，原本的小部落崛起成爲大部族，可能透過征戰取代原先的草原汗國，也可能往南進入中國，而失敗的一方則可能往西進入歐亞交界，但不管他們如何變動，對

3 突厥：起於金山（今蒙古國境內阿爾泰山）、說古突厥語的族群，他們建立了最早橫跨歐亞草原的遊牧帝國，其影響所及，曾經被他們征服或同化的民族，大多學習過突厥語、結合自己語言而衍生出不同語言，這些被統稱為突厥語族的族群超過30種、超過1億人。突厥人所建立的帝國由王族阿史那氏所統治，他們認為祖先是狼的後裔，因而以狼圖騰或狼頭作為王族的象徵。

於遊牧民族的女性而言，婚姻代表著自家與夫家的盟約，她們在夫家有何等地位，就表示著父家是否被尊重，因此，她們不再像過去的匈奴閼氏那樣甘為眾多妻妾之一，就連像烏孫公主那樣被奉為右夫人也不願意，她們要求成為正妻，而急需結盟的中國國君也只能退讓。

茹茹被擊潰之後，突厥在歐亞草原上崛起，開創汗國的土門可汗[4]將弟弟室點密可汗留在故土，自己前往東方征伐，而室點密則往南控制了西域與絲路沿線的重鎮高昌，兄弟二人統治了前所未見的龐大遊牧汗國，雖然在漢文史料上被認為是東、西突厥，但統稱為突厥第一汗國，與而後再興的第二汗國有所區別。與北朝緊密來往的是東突厥，在土門可汗擊敗茹茹後，突厥的國勢蒸蒸日上，遠非分裂的北齊與北周可以抗衡，因此，兩國爭相與突厥結盟，以期可以壓過另外一邊，一開始以西魏／北周占上風，甚至突厥一度要將公主嫁給年邁的權臣宇文泰，但還沒成婚，宇文泰就病死了。

宇文泰死後，大權由侄子宇文護所掌控，他陸續擁立宇文泰的兒子們登基，改西魏爲北周，也陸續與這些年輕的皇帝們產生衝突而弒君再立新帝，直到宇文泰的第四子、後來的周武帝即位，又隱忍了十一年才除掉宇文護。

周武帝登基時才十七八歲，還未立后，爲了取得突厥的幫助，北周再次向東突厥的木杆可汗求婚。但競爭者北齊連忙加碼，而且拜託了木杆可汗的弟弟當說客，致使婚事生變。北周有鑑於上一次迎娶茹茹皇后時被北齊挑撥離間的事，連忙派遣了嫻熟外交事務的大臣們趕去阻止，在史書上說這些大臣們輪番說服，最後木杆可汗說：「還好有你們前來，我才打消疑慮，應當一起平定東賊（指北齊），然後才派遣我女兒出嫁。」

這些紀錄散見在《周書》與《北史》的不同段落中，基本上可以發現參與的大

4 可汗：Khan，突厥語對於王者的稱呼，可汗一詞此後一直在歐亞草原上沿用到二十世紀。可汗之妻稱可賀敦或可敦，Khatun，在北朝到隋唐之初，漢文寫成可賀敦，盛唐之後寫成可敦，蒙古時代之後仍沿用，只是寫成哈屯、哈敦或意譯為皇后。

臣都是隨宇文泰打天下的智囊，也有處理外交事務的經驗與能力，史書記載他們如何慷慨激昂地對木杆可汗曉以大義，但從可汗的答覆看來，仍是著眼於打下北齊的好處，這可能是因爲北齊比起北周富庶，木杆可汗也沒把話說死，只說要打下北齊後才能嫁女，顯示突厥公主與北周皇帝的聯姻仍是懸而未決之事。

覬覦北齊的富庶，木杆可汗也出動軍隊贊助北周攻打北齊的戰爭，但這場戰爭中突厥的貢獻不大，反而軍紀不佳、到處劫掠，這種幾乎是豬隊友行徑的作法讓北周的將領考慮要軍法處置，但回報到中央也只能睜一隻眼、閉一隻眼。戰爭的尾聲，北齊在和談中表示願意送回北周皇族，兩國看似有和解的可能，疑心可能被兩國合起來背刺的木杆可汗感到遲疑，加上戰事不利，北周也連忙派遣大臣前往安撫。

這樁婚事拖了五年，北周越發心急，除了派遣重臣，還加碼由皇親國戚組成浩浩蕩蕩的迎親團，帶上各種禮物，還有當時稱爲「行殿」的豪華大車，擺明就是連車駕都不用費心，只等皇后上車就行。

這樁婚事一波三折，我想可能是中國史上第一次有皇帝成婚這麼麻煩，迎親團帶足誠意走了數千里、來到木杆可汗的牙帳[5]拜見，這才發現可汗又想反悔，而且這次反悔又拖了兩三年，這些迎親使團的成員也不得不卡在突厥，百般請求遊說，可汗也不肯輕易放行。直到某一天，狂風大作，吹壞了不少帳篷，而且一連十幾日都未停，擔心是天降災禍的可汗才終於放行。

終於可以回家的迎親使團馬上啓程，只是突厥的送親隊伍拖拖拉拉，甚至皇后都已經到了邊境，突厥的大臣仍以「馬太瘦」爲由不願意積極向前。擔心又有變化的使臣參謀，又趕緊說服送親大臣說：「皇后從出發到現在已經拖延了時序，穿越沙漠的旅程讓人馬都非常疲勞，不只是東邊的賊寇（指北齊）會趁機偷襲，西邊的其他國家也有可能有動靜，您承擔了送可汗愛女到上國結姻的重責大任，卻沒有一

5 牙帳：遊牧民族沒有都城，可汗所在之處稱為牙帳，有直屬於可汗家族的牲畜與人馬，東突厥此時的牙帳在于都斤山（今蒙古國杭愛山）一帶。

點防範憂慮，這是爲人臣的道理嗎？」

送親大臣一想，要是皇后被搶走了，對兩國都是麻煩，於是下令日夜兼程趕路。至此，前後拖了八年才終於成功娶到突厥新娘的周武帝，在結婚之後大舉封賞了這過程中的有功之人，那位送上了臨門一腳的參謀也得到了爵位。

在西元五六八年，木杆可汗的女兒正式與周武帝成婚，新郎二十五歲、新娘則是十七歲，在史書上沒有留下突厥公主的名字，只以姓氏稱她爲皇后阿史那氏，記載也很簡短，說她雖然十分大方端莊，夫妻之間卻相敬如賓、感情並不親密，在《周書》上說她「有姿貌」，但在周武帝的外甥女竇氏的紀錄上卻說，阿史那皇后長得不漂亮，因而不得寵[6]。

之所以會提到阿史那皇后的相貌，是因爲周武帝非常疼愛年幼的外甥女，甚至把她帶進宮中像女兒一般地養著，而帝后不合時，竇氏勸說周武帝：「四方都還不安定、突厥仍然強悍，希望舅舅能以蒼生爲念，壓抑不滿的情緒、安撫寬慰皇后，只要突厥能夠幫助我們，南朝或北齊都不是問題了。」周武帝也就聽從了她的話。

從此話的背景看來，這應該是周武帝滅齊之前所說，當時的竇氏不超過七歲，這麼小的孩子就算能說善道，但要能精準地點出突厥、南朝與北朝之間的問題，若沒有人提點是不可能的。而竇氏的母親是周武帝的姊姊，她的父親竇毅也是突厥迎親使團的成員，為了順利迎回皇后，竇毅在突厥待了許久，而且曾經在北齊使臣面前與突厥激辯，竇毅夫婦既然深知周武帝的個性、也明白天下局勢，當然不樂見帝后不睦致使同盟關係生變，竇氏的這段話無疑出自竇毅夫婦之口，周武帝之所以接受這個建議，除了小外甥女的關懷之外，也是從話裡聽見了姊姊與姊夫的憂慮吧？

當然，把帝后之間的不睦歸咎於皇后不漂亮，只是非常表層的原因，事實上，從西元五六八年阿史那皇后嫁入北周後，突厥與北周翁婿一家的親近關係只維持了

6 竇氏：北周大臣竇毅與襄陽公主的第二女，北周開國之祖宇文泰的外孫女、周武帝的外甥女，她長大後嫁了唐國公李淵，生了四子一女，在隋末去世，而後她的丈夫與兒女起兵叛隋，建立了唐帝國。她的丈夫即後來的唐高祖，追封她為穆皇后，她的次子李世民就是後來的唐太宗，登基後再追尊她為太穆皇后。

三四年，五七二年周武帝除去了權臣宇文護、掌握大權，同一年阿史那皇后的父親木杆可汗去世，臨死前，越過自己的兒子，將大可汗的位置傳給了弟弟，這位他鉢可汗向來比較親北齊，但他繼承了哥哥留下來的基業後，在周齊兩國之間不明確偏向哪一方，也因此兩國都要爭相奉承，獻上大批的財寶。北周每年要送上十萬匹的絲織品，突厥顯然也派駐了一些人馬，這些人的供給也都由北周負擔。另一頭的北齊，也傾盡所有來巴結，因此，他鉢可汗曾驕傲地說：「只要我在南方的兩個兒子孝順，還怕缺東西嗎？」

這番言論在漢文史書上會被記錄下來，自然因為這在北朝看來，突厥實在蠻橫狂傲，但此時只能委曲求全。我們必須理解，遊牧本身是一種相當脆弱的產業，幾天的天災或幾個月的疾病可能瞬間摧毀所有的人馬牛羊，因此，來自南方源源不斷的支援自然是可喜之事[7]。

他鉢從前就比較親北齊，父國的動向與和親公主脫不了關係，他鉢的偏心也自然會引來周武帝的不滿，對周武帝而言，迎娶阿史那皇后是曠日廢時、耗錢耗力的事，好不容易娶來的皇后，卻未能帶來堅實可靠的後援，反而跟著敵國一起在背後捅刀，他又怎麼可能對皇后有什麼好臉色呢？阿史那皇后的處境日漸艱難，在她婚後八年，周武帝發兵對北齊進行總攻，最終北齊滅亡，殘存的北齊皇室逃往突厥投靠他缽可汗，組成了北齊與突厥的聯軍入侵。怒不可遏的周武帝當然要出征，於是，阿史那皇后陷入了和親公主們最大的惡夢，父國與夫國交戰，夾在中間的她卻無法動彈，因爲執政的叔叔與丈夫都與她沒有感情，不論哪一方都不會在意她的想法。

大戰一觸即發，沒有文獻紀錄阿史那皇后的心情，身爲皇后，她勢必要送皇帝親征，但大軍所指的方向，是她生長的汗庭，大軍也將輾過她出嫁時慢吞吞地走過的草原，作爲突厥之女與北周之妻，她兩頭都爲難。不過，阿史那皇后的困境並沒有持續太久，就在周武帝離開長安五日後，他突然身體不適，在雲陽宮暫停，再

7 森安孝夫，張雅婷譯，《絲路、遊牧民與唐帝國：從中央歐亞出發，遊牧民眼中的拓跋國家》，頁160。

過三日，下令停止一切軍事行動，隔日下令返回長安，當天晚上就死在回京的車駕上，年僅三十六歲，後代學者認為他應該是服用了丹藥而導致重金屬中毒而死[8]。

正當壯年的皇帝中道崩殂，十九歲的太子登基、是為周宣帝，荒淫無道的新君只當了十個月皇帝就把帝位甩鍋給七歲的小兒子，阿史那皇后也因此陸續在三年內從皇后、皇太后變成太皇太后，直到她三十二歲離開人世，才以武德皇后的身分與丈夫周武帝同葬[9]。

---

8 一九九三年，周武帝與阿史那皇后合葬的孝陵在中國出土，考古團隊與歷史學家韓昇採取樣本調查並核對史料後發現，帝后二人的遺骨都有超高的砷，而皇后的遺骨還多了金，但從採樣的骨頭狀況看來，應該都不是急性中毒，而是長期服用丹藥所致，只是丹藥男女有別。以毒理學加上史料看來，確實也符合周武帝在生命最後時刻的急躁與瘋狂，而韓昇也以此推論武帝之子宣帝後來的種種瘋狂行徑，可能也是服食丹藥的結果。參見韓昇，〈北周武帝之死及其宗教文化政策〉，《學術月刊》2023：7，頁163-178。

9 在史書中記載阿史那皇后去世後的謚號是武成皇后，但在孝陵出土的墓誌上紀錄是武德皇后，以墓誌為是。

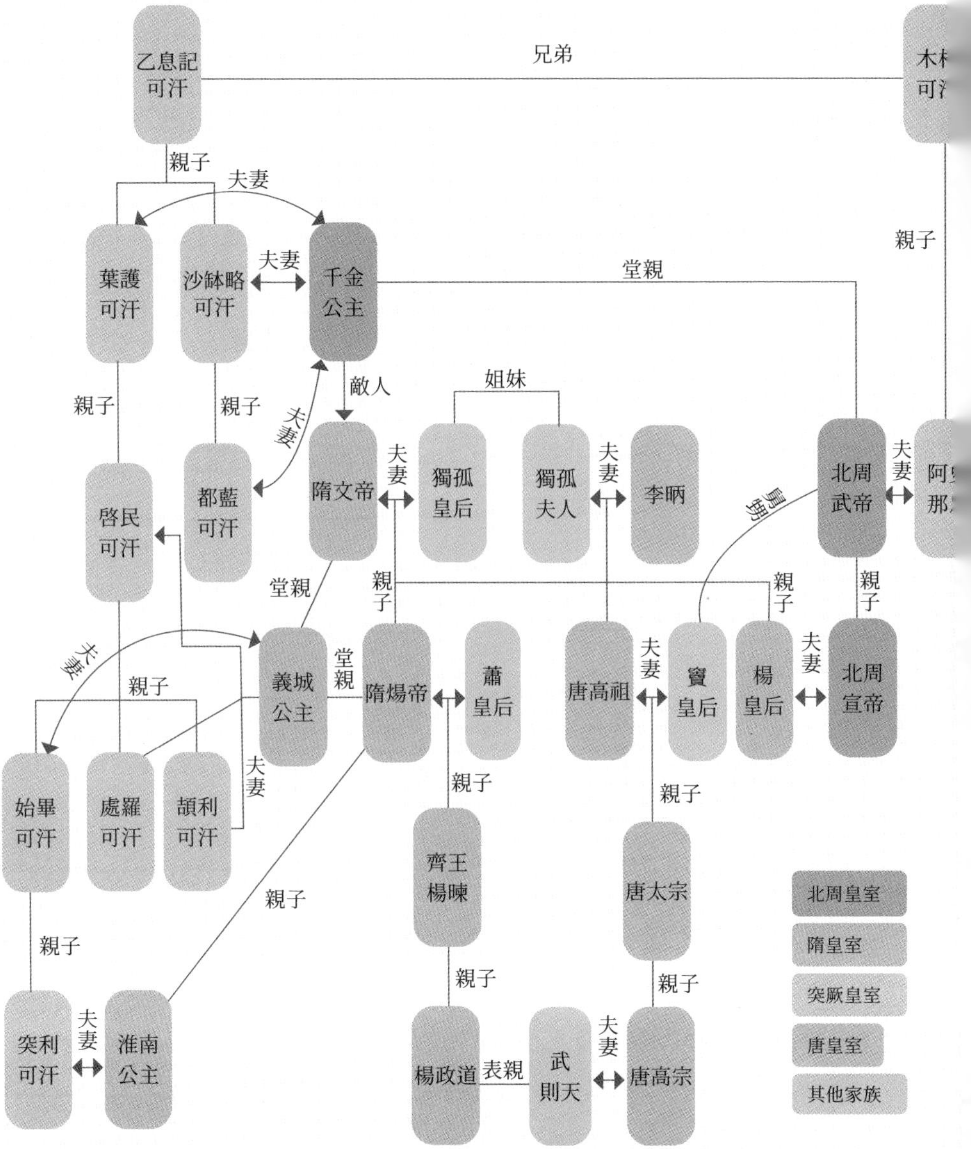
乙息記可汗
兄弟
木杆可汗
親子
夫妻
葉護可汗
沙缽略可汗
千金公主
堂親
敵人
姐妹
親子
夫妻
隋文帝
獨孤皇后
獨孤夫人
李昞
北周武帝
阿史那皇后
都藍可汗
啓民可汗
舅甥
堂親
義城公主
隋煬帝
蕭皇后
唐高祖
竇皇后
楊皇后
北周宣帝
始畢可汗
處羅可汗
頡利可汗
齊王楊暕
唐太宗
突利可汗
淮南公主
楊政道
表親
武則天
唐高宗
北周皇室
隋皇室
突厥皇室
唐皇室
其他家族

北朝隋唐與突厥通婚表

3 亂世中的悲劇公主

千金公主：背負著亡國之痛的公主

周武帝去世後，北周內憂外患不斷，因此，當他缽可汗突然要求和親時，北周當然馬上就同意了，只要求將北齊的最後一位皇子送到北周，但他缽可汗礙於從前的情誼，仍不願意交出，反而再次派兵侵襲，想藉此逼婚。

從後見之明看來，他缽可汗此時可能也已經病入膏肓，求親不過是爲了讓政權平安過度的計謀而已。因此，當他再次求親時，北周也持續地要求交出北齊皇子，最後，他缽只好假裝邀請北齊皇子外出打獵，然後任由埋伏的北周軍隊將皇子帶走。

他缽之所以暫時對北周服軟，也是因爲年老力衰的他預見突厥將有變動，他與上兩位可汗都是土門可汗之子，哥哥們爲了突厥的安寧將汗位傳給年長、強壯的弟弟們而不傳子，而土門可汗的弟弟室點密可汗掌管西邊的領土，將西面可汗的位置傳給了自己的兒子達頭可汗。因此，在他缽去世之前，至少有三位可能的繼承人，從父親的排行依序爲：攝圖、大邏便、庵邏，其中攝圖已經是東面小可汗，年紀最長而且實力強大。但他缽可汗一世精明卻在死前糊塗，他叫來自己的兒子庵邏說：「我聽說世上最親就是父子，但我的兄長卻不親自己的兒子，而傳位給我，我死之後，你應當將汗位讓給大邏便。」

在漢地是母以子貴，但在遊牧民族的社會裡則是子憑母貴，因此，即便孝順的庵邏想要聽從父命讓位，但其他的突厥貴族卻不服氣母親出身低微的大邏便，一陣吵吵鬧鬧後，實力最堅強的攝圖終於來到，他當著衆人說：「如果立庵邏，我就率領我的兄弟們侍奉他，如果立大邏便，我就準備好利刃長矛守在邊境等他。」此話

一出推翻了他鉢可汗的遺命，衆人就擁立了庵邏爲汗。

然而，大邏便不願意善罷甘休，常常派人辱罵庵邏，庵邏無法控制他，最後只好將大位讓給了同輩大哥攝圖，這個決定也得到了突厥貴族的支持，於是攝圖繼立爲沙鉢略可汗，將庵邏封爲第二可汗，大邏便不甘心地說：「我跟你都是可汗的兒子，各自繼承父親的人馬，但你現在成爲最尊貴的可汗，我卻什麼都沒有，怎麼回事？」於是，沙鉢略將他封爲阿波可汗，讓他管理自己的人馬，但心裡卻對他十分提防。

這些事情大約都發生在他鉢可汗去世後不久，就在突厥出現汗位繼承問題的時候，北周也依約將和親的公主送來。這位公主是周宣帝的堂妹，她的父親趙王宇文招不只是皇叔、也是北周的重臣，可見得北周對突厥的重視，她被封爲千金公主，由北周選派的使臣送嫁，從她父親的年紀看來，她出嫁時不會超過二十歲，她父親頗有文藝氣息，顯然也影響了千金公主，公主並沒有留下出嫁時的心情，但命運卻在這次送嫁時將她與她一生的死敵綁在一起。

當時北周與突厥爲了向對方顯示自己的勇武，在外交場合上會特別挑選看起來勇武、機智、帥氣的隨行官員，給千金公主送嫁也是如此，其中有一人名叫長孫晟，他雖然勇武過人卻官運平平，唯獨宣帝的岳父、隨國公楊堅看出了他的才華，這份知遇之恩沒齒難忘。二十八歲的長孫晟隨著二八花季的千金公主出塞，陪伴她穿越沙漠，來到突厥汗庭，也目睹了他缽可汗去世後的混亂。

塵埃落定後，千金公主嫁給了大約四十歲的沙缽略可汗，成爲突厥的可賀敦，沙缽略對於北周送嫁來的人都不甚滿意，唯獨欣賞長孫晟，常常邀他出獵，還將他留在突厥住了一年多，長孫晟也因此對於突厥各個小可汗與貴族們的動向瞭若指掌，當他回到長安後，才發現楊堅已經掌握大權，於是長孫晟將突厥的一切狀況報告給楊堅，楊堅自然大爲嘉獎，長孫晟也由此成爲楊堅對付突厥的秘密武器。

不久後，楊堅就篡奪了北周的江山，建立新的王朝，也就是後來的隋文帝。在這段腥風血雨的時間裡，千金公主的父親與叔父們曾一度設計想誅殺隋文帝，但行動失敗後，成年的北周男性皇族幾乎全滅。

遠在千里之外的千金公主怎麼也想不到，她背負著安定父國的使命出嫁敵國，卻沒想到短短兩年不到的時間，竟然國破家亡，父國成了敵國，原以為是敵國的突厥，反成了她的倚靠。隋帝國初立，並不像北周對待突厥那樣豐厚，沙缽略可汗對此有所不滿，加上千金公主對於北周滅亡的怨恨，沙缽略可汗決定要進攻隋帝國，他的理由是：「我是周皇室的親戚，如今隨國公自立卻不能制止他的話，我拿什麼臉面去見可賀敦？」

突厥的大軍先聲奪人，在攻克了前線後，隋文帝十分驚慌，但長孫晟告訴他，突厥的問題在於大可汗之下的小可汗們各自有領地，他們之間的利害衝突複雜、信任基礎也相當薄弱，透過挑撥離間的手段，就可以將他們分化，使其無法團結。楊堅是個心機深沉的老滑頭，能夠透過外交與計謀來降低風險，當然是好事，於是他就授權長孫晟開始分化突厥。

首先是隔開遠在西突厥的達頭可汗，長孫晟故意讓西突厥的使者看到東突厥受到較高禮遇，讓輩份與年紀較長的達頭可汗心存芥蒂，不願相助。接著長孫晟再派人與其他的小可汗們交好，各自挑撥離間，有的在沙缽略可汗出征時誤報有其他部落來襲、致使大軍北返，也有的故意姍姍來遲、延誤軍機，他們的心思當然也讓沙缽略可汗十分不滿，與沙缽略可汗早有舊恨的阿波可汗就因此遭到攻擊，倉皇逃往西突厥請求達頭可汗幫助後又殺回來，這番堂兄弟相殘自然削弱了突厥對隋施壓的能力。

於是，元氣大傷的沙缽略可汗與千金公主眼見形勢比人強，也只能按下心中的不滿，由千金公主上書求和，請求成爲隋文帝的女兒。隋文帝此時正想騰出手來處理南方的陳國，因此同意，但第一次派遣的使臣顯然很不會說話，於是沙缽略可汗的回覆先是告狀使臣言詞侮辱，並再次重申雙方是岳父跟女婿的關係：「皇帝是我妻子的父親，就是我的父親，我是女兒的丈夫，依例也是兒子，兩國雖有差異，情義是一樣的。」從女兒女婿的角色入手，訴諸情義希望打動隋文帝，隋文帝也回覆得很大度：「我既然是沙缽略妻子的父親，從今起看待沙缽略與兒子一樣。」決定將千金公主認作女兒，賜姓楊，改封爲大義公主，隨即派遣第二波使臣到突厥去

「看女」，表面上是探望女兒，其實就是要沙缽略可汗臣服。

長孫晟身為皇帝的親信與對突厥事務的重要參謀，當然也必須參與，於是，他與千金公主再次相見，不過是短短幾年的時間，兩人從北周的公主與臣子，變成了敵人。此次再見，雙方針對到底應該持何等禮儀有了一番脣槍舌戰，沙缽略可汗擺出相當大的陣勢，而且托詞生病不願下拜，使臣責備後，他又說：「從我伯父們以來就不向人下拜。」意思就是突厥除了初代土門可汗早期曾經臣服茹茹以來，突厥就不曾再做他國的臣僕。

使臣轉向千金公主，希望她協助說服可汗，但千金公主推託著說：「可汗的個性如豺狼一般，與他爭吵太過，會咬人的。」此時，長孫晟再次出場，他顯然深知可汗的性子，他以退為進地說：「突厥與隋都是大國，您是大國天子，就算不拜，我們又怎麼敢違背您的意思呢？但可賀敦如今是皇帝的女兒，可汗就是大隋的女婿，怎麼能沒有禮貌、不尊重妻子的父親呢？」訴諸情義這張牌再次有效，沙缽略可汗也只好對左右說：「確實應該要拜岳父，我就聽從他吧！」雖是如此，拜領了隋帝國印璽與詔書的沙鉢略可汗隨後卻悲從中來，或許是他又想起了突厥曾經的驕傲。

至此，突厥正式向隋帝國稱臣、朝貢，兩國之間保持了數年的和平，在這段期間，隋帝國一舉攻破了南方的陳朝，至此，南北朝正式結束，在西元五八九年隋帝國統一天下。

此時的突厥也發生了變化，沙鉢略可汗壯年去世，汗位先後落到他的弟弟、兒子手上，千金公主自然也必須跟著改嫁。隋帝國打下陳國的消息，伴隨著一架屏風來到突厥，屏風來自陳國宮廷，表面說是老爸爸統一天下、賜點東西給女兒用，事實上，將屏風大費周章從南方運往突厥，多少有警告的意味。

千金公主望著這架屏風，心中自然也有感觸，統一天下是宇文家族的夢想，她的伯父周武帝統一了北方，如果能有一個能幹的繼承人，今日這架屏風送到眼前時，千金公主也會衷心地替長安的親族慶賀吧？但一切都成幻夢泡影，宇文家族的直系男子都已死絕，只有幾個公主忍氣吞聲地活著。

即便想要復仇，又從哪裡下手呢？對千金公主十分信賴的沙鉢略可汗已死，如今由他的兒子都藍可汗繼承，但都藍雖然仍尊千金公主爲可賀敦，兩人的關係卻未必很親密。懷抱著複雜的情緒，千金公主在屏風上寫下了一首詩：「盛衰等朝暮，世道若浮萍。榮華實難守，池台終自平。富貴今何在？空事寫丹青。杯酒恆無樂，弦歌詎有聲！余本皇家子，漂流入虜廷。一朝睹成敗，懷抱忽縱橫。」

亂世中的一切盛衰榮辱，都是彈指之間的事，強盛的北周已成雲煙，繁華的南朝也已潰敗，生於皇家的公主漂流到遠方的突厥宮廷，如今看著亡國滅家的仇人變得更壯大，紛亂的情緒無法言喻。這首詩傳回長安，隋文帝君臣讀出了其中的怨憤與悲傷，千金公主也並不是毫無謀略，在這段時間已經與西邊的其他可汗結盟，隋文帝認爲千金公主已成大患，應當趁早除去。

數年後，一個漢人楊欽來到突厥拜見公主，表示自己是被公主的姑母西河公主派來的，意圖顚覆隋的政權，需要千金公主裡應外合。此事十分詭異，因爲西河公主的丈夫一直是隋文帝的摯友，不可能有叛隋之意，雖然千金公主去國日久，並不清楚這些事，但楊欽要能說動公主必然有相應的話術、甚至是書信，而且無人指使也沒有意義。我個人認爲，楊欽很可能是長孫晟派去的奸細，以此測驗公主是否有反隋之意。

但千金公主被復國之恨蒙蔽，隨即說服了都藍可汗，可汗剛停止與隋朝的往來，長孫晟隨後就抵達突厥拜見了公主，試探她的意向，但已經決意反隋的公主也不想再跟長孫晟浪費時間，長孫晟也在此行確認了公主身邊有一個親信的粟特人，被公主派去與楊欽共同商議反隋事宜。

此時的突厥已經是一個橫跨歐亞大陸的龐大國家，爲了有效管理，可汗們引入聰明而且善於經營的粟特人作爲參謀，有些甚至也取得了重要的位置，在這些粟特人看來，隋帝國也不可信。因此，隋的大臣就說：「突厥本來淳樸容易離間，但因爲他們國內有很多胡人，都很聰明狡詐，教導突厥人之後就不容易操弄了。」所以身爲可賀敦的千金公主身邊有粟特參謀並不足爲奇，長孫晟利用這一點，將粟特參謀認定爲公主的情人，不管是否眞有此事，但汙衊公主有婚外情，對公主而言是致

命的打擊。

長孫晟再次返回長安稟報此事，隋文帝大喜，再次命長孫晟抓捕楊欽、告發公主的婚外情，同時廢去公主之位。都藍可汗一開始不願意從命，公主也派人將楊欽藏了起來，但長孫晟買通眼線，找到楊欽後連著粟特參謀一起帶到都藍可汗面前，面上無光的可汗大怒，將楊欽交給長孫晟，千金公主也被廢為庶人，暫時關押於突厥。差不多此時，另一位小可汗秘密地遣使者來求婚，隋文帝命另一個大臣裴矩轉告：「殺了公主，才可以許婚。」當長孫晟帶著楊欽回到長安後，隋文帝為了一絕後患，想要殺掉千金公主，長孫晟似乎對此事仍有保留，反而是裴矩自告奮勇，兩人一同前往突厥後，裴矩除了說服都藍可汗之外，還叫來之前密會過的小可汗，內外夾攻之下，盛怒的都藍可汗在汗帳內殺了千金公主。

寫到這裡，我不禁想，長孫晟在完成這件任務後，策馬回返長安時到底會想什麼？十多年前，他伴隨著少女公主出嫁，善於騎射又會講話的他，是不是也曾安慰過惶惶不安的千金公主？在公主初嫁的那段時間，長孫晟曾在沙缽略可汗身邊待了一年多，他是否也憑著自己的聰明幫助公主站穩腳跟？然而，再次相見之後，兩人成爲敵人，公主有一度臣服會不會也跟他有關？年少時曾經站在同一陣線的兩人漸行漸遠，他一手策劃計謀將公主拉下可賀敦之位，卻似乎不太願意將公主逼入絕境。當他最後走在兩人曾經一同前行的路時，是否也會呢喃著公主的詩作、感傷她的慘死？

宇文家最後的復仇之火看似撲滅，隋文帝至此高枕無憂，他在長孫晟的建議下，再次挑撥離間，藉此扶植起兩股互不隸屬又以他爲尊的勢力。只是他不會預見，宇文家殞落後，復仇的意志卻落在那位曾爲阿史那皇后說話的竇氏女身上，她曾經恨恨不平地說：「恨我不是男兒，不能替舅舅家報仇。」矢志復仇的憤恨，並未隨著竇氏長大而沖淡。

這位聰明伶俐的少女竇氏嫁給了隋文帝的親戚李淵，替他生了四子一女，竇氏的婚姻也引起長孫晟家族的注意，他們認爲：「這是個聰明的人，將來一定會有奇特的孩子，必須要跟他們聯姻才是。」

這個預言被長孫家族記了許久，後來，長孫晟之女成了竇氏的兒媳，在竇氏的影響下，李淵與孩子們一直心懷異志，雖然竇氏看不到隋帝國的滅亡，但她的丈夫與兒女們繼承了她的意志，在隋末天下大亂之時全家出動，奪下了隋帝國的江山，長孫晟的幼女後來也成爲皇后。

宇文氏的男人們沒能守住皇位，卻在三十七年後，透過宇文家的女系血脈完成了復仇。

義城公主：最後的可賀敦

故事要說回長孫晟身上，在千金公主死後，他仍一直主導著隋帝國對突厥的事務，從隋文帝到隋煬帝兩代，都對他言聽計從。長孫晟在中國的史書上的評價很高，有一部分是因爲他的女兒後來成了皇后、兒子也是主修史書的宰相，另一部分或許是他敏銳的觀察，讓他比從前的漢人官員更了解遊牧民族，也敢於親身歷險，是個梟雄人物，當年送嫁回來之後，他就向隋文帝獻策：「如今應該與遠方的敵人交好、攻打近敵，離間強者、聚合弱者……讓他們互相猜忌、離心離德，十幾年後再看時機討伐，一定可以一舉掃滅他們的國家。」

這套挑撥離間的作法說來容易，卻很需要耐心跟精細的操作，長孫晟本人頻繁地往來於長安與突厥之間，也在突厥布下了許多眼線，著意結交可汗們身邊的親信。在千金公主死後，大小可汗都來向隋朝求親，但長孫晟卻將一位安義公主嫁給小可汗，引來大可汗的憤怒，雙方交戰後，小可汗幾乎全軍覆滅，無可奈何之下，

被長孫晟帶到隋帝國，這位小可汗被隋文帝封為啓民可汗，暫在隋的扶植下居住在今日寧夏一帶，差不多也在這時候，安義公主去世，隋帝國再從皇室的遠支宗親中挑了一位女子封為義城公主，嫁給啓民可汗。

不久後，原本的大可汗被部下刺殺，東突厥大亂，在西突厥已經穩坐可汗之位二十五年的達頭可汗舉兵東進，意圖成為全突厥之主，但隋帝國當然不可能坐視突厥成為完整的國家，於是，隋軍與啓民可汗合力擊敗了達頭可汗，在隋帝國大軍的支持下，啓民可汗榮歸故土，成為東突厥的大可汗。

義城公主也跟著啓民可汗一同回國，隋與東突厥的關係變成宗主與藩屬，身為宗主國的代表，義城公主在東突厥的地位也十分崇高。不久後，隋文帝去世，由隋煬帝即位，啓民可汗與義城公主曾經兩次南下朝見，先後送嫁數位公主的長孫晟也再次前往邊關與啓民可汗會合，他鼓動如簧之舌，說服啓民可汗親自修整道路以迎煬帝。而後，啓民可汗甚至主動請求賜中國袍服，這種文化上的歸順意義讓好大喜功的隋煬帝非常歡喜，各種獎勵與賞賜不說，他與皇后更分別到可汗與公主的帳幕作客，顯示隋帝國對於突厥的親厚，實際上也顯示了兩國之間的主從地位。

然而，小心謹慎地侍奉著隋帝國的啓民可汗在第二次朝見隋煬帝後不久就去世了，由他的兒子始畢可汗即位，義城公主遵照突厥習俗再嫁，一開始雙方也都還十分和睦，但隨著舊部逐漸歸附，加上隋帝國的各種財力支持，東突厥越來越強大。此時，長孫晟已死，但他所留下來的分化之策仍持續發酵，不樂見東突厥再起的隋煬帝聽從大臣的謀略，先派人聯繫始畢的弟弟，許諾要將一位宗室女子嫁給他、並立他爲南面可汗，這位忠心的弟弟轉頭就告訴了可汗。而後，隋帝國又設計誘殺了始畢最信賴的粟特參謀，同時接納了與東突厥敵對的另一位可汗，心知隋帝國又想操作兩面手法，始畢於是拒絕了朝貢，同時準備南侵。

在史書上記載，東突厥此次南下的聲勢十分浩大，始畢可汗原先只說是要射獵，義城公主似乎一開始並不清楚狀況，但當公主意識到不對勁時，馬上派遣使者飛報，正在北巡的隋煬帝一收到消息連忙趕往雁門躲避，隔天，突厥大軍壓境，將隋煬帝一行圍了個水洩不通。

這場被稱爲「雁門之圍」的戰役非常激烈，鄰近有四十一座城，突厥攻下了三十九座，而且急攻煬帝所在的雁門城，據說流矢都射到了煬帝駕前，而煬帝束手無策，只能抱著年幼的兒子大哭，連眼睛都哭腫了。

這樣沒出息的皇帝當然不會想與將士同生共死，有人建議他輕騎突圍，但分析輕騎打不過突厥、守城待援還有機會後，隋煬帝才振作起來鼓勵將士。同時，隋煬帝的小舅子提出了重要的建議：「突厥的風俗，可賀敦可以參與軍事，從前漢高祖被匈奴所圍，就是買通匈奴閼氏才能脫身，何況義城公主身爲皇帝的女兒、嫁往突厥爲妻，必須倚賴大國的援助，我們趕快派人去告訴公主，就算不成也沒什麼損失。」

於是，隋煬帝連忙寫信求助，不久後，突厥突然撤退，後來才知道是義城公主謊稱北方有變，迫使始畢可汗調動大軍緊急回防。這場幾乎動搖國本的戰役，從開始到結束不過一個月左右，隋煬帝也不敢再對突厥出手，頂多感嘆若是長孫晟還在、一切總不至此，隋與突厥的國勢再一次逆轉。此後三年，天下大亂，隋煬帝自然不敢再對突厥說三道四，對於突厥來的客人們也只能優待安撫，始畢可汗的弟弟奚純也因此在隋得到了封賞，奚純途經隋帝國的北都晉陽時，當時的晉陽留守熱情招待不說，還物色了一位近親嫁給奚純的長子[1]。

一個尋常官員怎麼會平白無故與突厥王族結親？或者說，怎麼敢提出這樣的婚事？此人當然不是常人，正是那位迎娶了北周後裔竇氏女、而後成為唐帝國開國之君的唐高祖李淵。晉陽是隋帝國抵禦突厥的前線中心，李淵鎮守於此，自然深知突厥的重要性，他促成這樁婚事，也就是提前在突厥埋了一位可能的可賀敦，或許他早已有了代隋之心。

不久後，民亂紛起，隋煬帝不得不逃離都城，前往江南避禍。而始畢可汗的聲望如日中天，但經過雁門之事後，義城公主卻可能失去了始畢可汗的信任，以至

1 關於奚純家族的通婚，朱振宏教授透過奚純後人的墓誌推論出了具體的成婚時間、對象與後續發展，參見朱振宏，〈阿史那自奴（哲）墓誌箋證考釋〉，《成大歷史學報》第44號（2013），頁43-108。

於無法再插手軍事行動，身在北地的她，遠望家鄉的動盪也無可奈何，故國烽火連天，隋帝國搖搖欲墜，而有心逐鹿中原的各路豪傑紛紛前往突厥尋求支持。突厥也從中選擇了幾個看起來比較有機會的人，賜與狼頭纛[2]、封其爲可汗或天子，並派遣相應的軍隊給予支援，李淵也是其一，李氏一族率先攻入首都[3]，隨後立了一個傀儡小皇帝，不久之後，隋煬帝在江都的行宮被臣下斬殺，消息傳回北方，李淵就以接受小皇帝禪讓的戲碼開啓了唐帝國長達二八九年的基業。

歷史再一次地重演，義城公主就像當年的千金公主一樣，眼睜睜地看著故國被世受皇恩的皇親國戚所篡，而她所在的夫家突厥在隋帝國的滅亡上也推了一把。唐帝國在西元六一八年建立，與隋煬帝一同前往南方的男性後裔都跟他一起被殺，留在長安與洛陽的兩個皇孫後來也分別被害，唯有次子的遺腹子楊政道存活，隋煬帝的遺孀蕭皇后抱著孫子在亂軍中顛沛流離。

突厥同時也發生了大事，始畢可汗見唐帝國聲勢鵲起，想聯合他人一起壓制李淵，但這次的進攻失敗，始畢可汗不久後也突然去世，由他的弟弟奚純繼任，是爲處羅可汗。義城公主遵循習俗再嫁，原先受到冷落的公主也再次受到重視。我們可以想像義城公主並不樂見處羅可汗與唐交好，從處羅可汗的角度，絕不樂見一個統一的帝國再起，因此，讓漢地保持著分裂的狀態，顯然對突厥更好，那麼義城公主這位資深可賀敦的復國大計，也對突厥有利。

義城公主想要復國，最要緊的就是找到繼承人，因此她派遣使者入漢地找尋蕭皇后祖孫，突厥的可賀敦點名要人又有誰敢不給？當時扣著蕭皇后一行的軍閥也只

---

2 狼頭纛：裝飾有狼圖騰的大旗，突厥認為自己是狼的後裔，以狼頭纛為可汗的象徵，賜與狼頭纛就表示得到了突厥可汗的認可。

3 在史書上並未明言唐高祖李淵稱臣於突厥，但從當時的近臣所留下的《大唐創業起居注》中可以看出端倪，突厥不只給兵馬，也給了類似南面可汗之類的稱呼，只是曾經稱臣於突厥一事對唐帝國而言實在很不名譽，因此被刻意掩蓋，史家陳寅恪、李樹桐對於稱臣一事有過討論，但學者朱振宏教授認為，不管從行文的格式或者當時的時勢來看，稱臣於突厥對李淵而言，是確保根據地不被入侵並得到支援的必要之舉，朱振宏，〈「唐高祖稱臣於突厥事」的再檢討〉，收入宋德熹編，《中國中古社會與國家：史料 典籍研讀會成果論文集》（台北：稻鄉，2009），頁395-442。

能趕快放人。於是，蕭皇后帶著還在襁褓的楊政道，隨著突厥的使者一同北上。

她們應當是在突厥的汗庭相見，距離上次於洛陽會面，已是匆匆十年，當年是宗主國大隋皇后，前呼後擁地接見附庸國的可賀敦，當時的蕭皇后約莫四十歲，而義城公主則是二十多歲的少婦，在繁華的洛陽城裡，她們腳下的世界看來無比燦爛。十年後天翻地覆，國破家亡的蕭皇后帶著飽受驚嚇的女兒們、抱著小孫子倉皇逃離，在蒼茫的草原與突厥的聖山之下才得以保全。

雖然史書沒有紀錄，但我們可以想像，公主穿著一身突厥的袍服，等待著蕭皇后的到來，姑嫂相見，只有淚水可為故國祭奠。隨蕭皇后一同北上的，還有殺害隋煬帝的叛臣首級，義城公主命人將首級懸吊起來，算是復仇。

突厥與隋曾經親厚也曾經針鋒相對，但此刻面對著南邊逐漸形成統一之勢的唐帝國，突厥與隋的利益再次一致，處羅可汗將楊政道立為隋王，把他們安置到定襄，距離李淵起家的晉陽不過百里左右的路程，並將原先在突厥南境的漢人交給楊政道管理。同時，也開始派兵劫掠唐帝國的邊境，想將楊政道的勢力再往南推一些，但此事占卜不吉，因此處羅可汗的大臣連忙勸阻，在《新唐書》的記載中，可汗卻說：「我父親曾經失去國家，還好有隋才得以存活，若是忘記這段過去，才是眞的不祥。占卜不吉利，神有多麼無知啊！我自己決定就好。」此言一出之後，突厥出現靈異事件，不久處羅可汗就生病了，而義城公主給了他當時常見的五石散，可汗因此舊傷發作而死。

從客觀事實來看，處羅可汗與義城公主結爲夫妻的時間雖短，但兩人在扶隋制唐的態度上是一致的，處羅可汗去世對公主並無好處，假使公主眞的毒殺突厥可汗，又怎麼能在突厥立足？況且此前的史料中都沒有這段記載，恐怕是後人爲了汙衊公主而捏造的說法。

處羅可汗一死，下一任可汗的位置就極其重要，候選人有三人，分別是始畢與處羅的弟弟頡利、始畢的兒子突利與處羅的兒子摸末，其中，義城公主首先排除了摸末，在史書上說理由是摸末「醜弱」，但事實上應該是因爲摸末的妻子是李淵的親戚[4]。剩下的兩人，頡利年紀較長，與唐沒什麼淵源，而突利可能在義城公主的

安排下，迎娶了煬帝之女淮南公主，也算是隋帝國的女婿，因此，義城公主強勢主導之下，由頡利繼任大可汗、再娶義城公主，突利則是東面的小可汗，而摸末什麼位置也沒有，後來也因爲頡利的猜忌而選擇投靠了妻子的娘家唐帝國。

頡利即位之初，正是唐帝國逐漸要統一天下的時候，因此對突厥的各種要求與騷擾只能睜一隻眼閉一隻眼，頡利身邊除了義城公主之外，還有一些漢人與粟特人謀臣，他們一樣引用了隋曾助啓民可汗復國的歷史來提醒頡利，當然，最重要的還是不能讓唐帝國積聚足夠的實力來對抗突厥。

唐初的史料中對義城公主的討論不多，只知道她育有一子疊羅施，這個兒子似乎一直在公主身邊。唐初之時，她住在距離楊政道不遠的定襄、雲中一帶，由於楊政道此時還是幼童，蕭皇后也沒有統治的經驗，由統治突厥多年的義城公主代行各種事務，似乎更爲合理。而更靠近長安的五原、榆林一帶，更是頡利未即位前的勢力範圍。

對唐帝國而言，一面安撫突厥，另一面試圖擺脫突厥的控制、建立起堅實的防衛線是開國之初的重要問題，當然，突厥對於他們的圖謀也非一無所知，雙方在外交與軍事上你來我往，需要爭取己方利益時就開戰、想要收拾就談和親，並無意發展成大規模的戰爭，但雙方也沒有達成一定的共識。就在西元六二六年，唐帝國內部發生玄武門之變[5]後不久，頡利與突利兩可汗聯軍進入關中，與長安只隔著一條渭水，唐帝國上下非常驚恐。

在史書上的敘述，大多是唐太宗如何神勇、謀略超群，勇敢地單人匹馬與突厥談判，雙方在渭水的便橋上達成協議，不但用各種財寶使其退兵，後來還使計將財寶追回。但學者朱振宏教授綜合了近代出土的史料後認爲，所謂的「渭水之盟」

4 朱振宏，〈阿史那自奴（哲）墓誌箋證考釋〉，《成大歷史學報》第44號（2013），頁74-77。

5 玄武門之變：唐高祖末年時，因太子李建成與秦王李世民各擁勢力，相爭不休，最後在西元六二六年的夏季，李世民買通了皇宮北門玄武門的守將，埋伏在玄武門內，趁著凌晨之際李建成由此入宮時突然發難，殺害了自己的親兄長，隨後逼迫父親李淵退位，李世民登基為帝，就是日後的唐太宗。

其實是突厥與唐再一次達成向突厥稱臣的協議，因此唐太宗才會視爲恥辱，而突厥退兵除了議和已成之外，也跟突厥的內亂有關[6]。由此看來，唐太宗親上前線的勇氣雖然可嘉，但主要是迫於形勢不得不低頭而已。屈辱感讓唐太宗一心想要擊潰突厥，他小心地操作、挑撥著突厥內部的關係，拉攏突利、接納摸末，一點一點地掏空突厥。頡利並非一無所知，他身邊的粟特人與漢人謀臣也小心地防範著唐帝國，但隨著突厥幾次軍事上的錯誤指揮與分裂，唐帝國終於有了可趁之機。

西元六三〇年正月，渭水之盟後不到四年，在北方的嚴冬寒風之中，唐帝國的大將李靖率領三千精銳奔襲頡利、蕭皇后與楊政道所在的定襄，變起倉皇加上謠言四起，頡利可汗倉促北返，蕭皇后祖孫被突厥的叛軍俘虜後獻給李靖、再送往長安，至此，隋帝國正式滅亡。義城公主似乎不在定襄，這次的潰敗促使突厥不得不向唐求和，但唐使前腳抵達陰山下的牙帳，後腳李靖就帶著一萬人部隊與不多的糧草孤軍深入，加上從突厥叛變的其他部落，等突厥發現時，距離牙帳只有不到二十公里的路程。

義城公主母子此時也在陰山，不到一個月以前，她失去了苦心經營十餘年的復國希望，作爲可賀敦，爲了突厥的安危，她也不得不同意丈夫再向唐求親。義城公主此時不過四十多歲，離開繁華的長安後隨突厥遷徙，今日陰山、明日雲中，她早已接受了自己的命運，前後四任丈夫，她也經過各種凶險，但關關難過關關過，女人的韌性讓她牢牢地抓緊了蒼茫遼闊的草原，任憑風雲擾動也不能撼動，在西元六三〇年二月初的夜裡，她望著自己帳中的爐火與火邊熟睡的兒子，我想她仍在盤算著如何保存母子二人、如何奪回天下。

忽然，遠方傳來紛亂的吵雜聲、馬蹄聲與兵刃相擊聲，義城公主應當是連忙叫醒兒子與從人，準備出帳查看，或許也已經有人奔出帳幕要替她牽馬，但義城公主還沒能離開，就有人已經殺進她的帳幕。來人說的是久違的長安官話，外面殺聲震

6 朱振宏，〈唐太宗「渭水事件」論析〉，《興大歷史學報》20（2008.8），頁17-50。

天，她的兒子也已經被抓了起來，我們不知道義城公主是否曾經求饒，但對唐帝國而言，她是這次行動的首要目標之一。

手起刀落，義城公主死於唐軍刀下，或許就倒在她帳幕的爐火邊，隋楊皇室的血滲入氈毯，她的屍身應該會被帶到李靖眼前，確認唐帝國最凶險的敵人已經死去。頡利可汗雖然逃出生天，但不久後也遭到背叛被俘，大部分的阿史那王族都被送往長安，而李唐皇族載歌載舞，曾臣服於突厥的部落降服於唐太宗，敬稱他爲天可汗。

陰山下的可汗、可賀敦牙帳再無人煙，義城公主曾居住的雲中之地被李靖派遣的老弱突厥部落占據，她帳中的爐火終在寒風中熄滅，她所珍視的兒子在史書上再也不曾出現。

隋帝國最後的和親公主、東突厥最後的可賀敦，於西元六三〇年二月初八殞落，曾經統治了歐亞大陸的東突厥也隨她而去，西突厥則又撐了三十年，在唐高宗的時代，突厥第一汗國正式滅亡。

4 唐帝國的公主外交

公主和親從漢代以來，就是中國與他國表示盟約的方式之一，在中古時代的遊牧民族看來更是如此，在唐高祖還未與東突厥撕破臉之時，就曾討論過與西突厥的和親，唐高祖認爲西突厥太遠，就算臨時有事也不能相助，因此詢問臣下的意見，他的大臣表示：「當下最重要的是就是遠交近攻，正好暫且答應婚事，向東突厥示威，等幾年後，中國國勢昌盛、領土完全後，再慢慢想後續的事。」因此，唐高祖就答應了西突厥的親事，消息傳到東突厥，頡利可汗大怒，傳話威脅西突厥：「你如果迎娶唐的公主，還需經過我的國境。」言下之意，自然就是西突厥與唐和親必須要經過東突厥同意，否則不管是搶親或者殺人都可能幹得出來。受此威脅，西突厥與唐就不敢再討論此事。

從唐高祖與臣下的對話中可以看出，對於當時的唐帝國而言，和親的重點在於「臨時有事要能相助」或者「遠交近攻」，而答應婚事只是第一步，後續還有各種

的細節要談，很多時候是雙方外交的手段而已。到了唐太宗統治的中期，東突厥滅亡後興起的另一個部落請求和親，唐太宗其實不樂見其坐大，所以他召集大臣來商量，他說他有兩個方法：「選拔十萬軍隊，擊敗對方然後擄走他們的王族，從此滅掉這些兇惡的壞蛋，百年都可無事，這是第一個計策。如果答應他們的請求，以婚姻結盟，像放鬆韁繩那樣約束著他們，亦有三十年平靜，這也是一個方法。不知道這兩策哪個比較優先？」大臣認為在接連北伐跟東征後，國家需要恢復元氣，應先採取和親，唐太宗也同意，他甚至願意許嫁親生女兒。

雖然此事後來沒有成功，但也可見唐帝國的和親並不像漢初那樣用以尋求共存或者透過公主與其子嗣統治，而是無法將對方納入版圖前，以婚姻作為羈縻控制的手段，迎娶公主的國家與部落，也意味著臣服於唐帝國的天可汗體系中，成為在平時可以得到更多賞賜、在戰時也需要付出更多代價的成員。

從和親到尚主

在東突厥滅亡後，許多東突厥的王族與原先隸屬其下的部落首領都進入唐帝國，紛紛迎娶李唐王族的公主與縣主（親王之女），從國與國的和親，變成君對臣的下嫁，稱為「尚主」，在安史之亂前，這類的婚姻非常常見。這些迎娶公主、縣主的遊牧部落領袖大都住在長安，接受唐帝國的封賞與武官職位，因此被當時的人稱為「蕃將」，隨他們依附於唐的部落人民則被分配居住在邊境的遊牧地帶，由他們的親族代為領導，要回去探親必須要經過皇帝的許可、特別請假才能去。一旦有戰事，這些武官就會帶領官軍與他自己的部落民一同出征，他們與唐帝國從此成為一體。

文成與金城公主：時不我與的和平主義者

唐帝國在安史之亂前的和親並不罕見，公主的出身除了宗室之外，皇帝的外孫女、外甥女等異姓親戚都有可能，在特殊情況下，也有皇室男子和親的案例。但在唐帝國前期，比較受到矚目的是唐與吐蕃之間的兩次聯姻，一次是唐太宗時的文成公主，第二次則是七十年後、唐中宗時的金城公主。

但從唐帝國的角度看來，文成公主的和親純粹出於戰略考量，因爲當時唐太宗已打下東突厥，需要重整中亞與北亞的秩序，而吐蕃雖在青藏高原上，卻可以對通往西域的要道河西走廊造成威脅，如果不安撫吐蕃，唐帝國就無法控制中亞，因此，和親就成了戰略意義上必須的舉措[1]。

文成公主雖然青史留名，至今仍爲人所尊崇，例如拉薩建城、建布達拉宮、佛法入藏，據說都與她有關，前面我們說的傳絲公主故事，也有人認爲是她，今日圖博的大昭寺仍有她的塑像。

在漢文史料中，確實也記載著文成公主在吐蕃頗受敬重，其夫贊普[2]松贊干布特地爲她築城、禁絕她不喜歡的風俗等等，不過在文獻上的記載實在不多，只能說因爲她的關係，使唐與吐蕃之間建立了正常的邦誼，唐帝國會定期提供她「貢金」，而吐蕃也會向唐進貢相應的禮物。

在藏文史料中，關於文成公主的傳說顯然都有偏向唐與吐蕃的立場，偏唐的紀錄顯示公主如何聰明，但偏吐蕃的紀錄則顯示了另一面，說松贊干布的元配尼泊爾公主對文成公主百般苦待，以至於公主身邊連飲食衣物都十分缺乏，受不了虐待的文成公主一面懷念著繁華的父國，一面怨恨著吐蕃的貧窮苦寒，於是她決定要逃出吐蕃，卻被趕來的贊普好言勸慰後，又被大臣指責她與母國對吐蕃多所藐視，因此

1 藤野月子，《王昭君から文成公主へ—中国古代の国際結婚》（福岡：九州大学出版会，2012），頁100。

2 贊普：吐蕃對王的稱呼。

公主心生愧疚、不再多言。學者林冠群認爲，這段紀錄雖不是唐代的紀錄，但文成公主的水土不服、後宮嬪妃的爭鬥與吐蕃刻意地壓制仍是有可能的，除此之外，輕蔑吐蕃的指控也可能寄託了藏人對於漢人的怨憤[3]。

在文成公主出嫁後三年，與吐蕃爭鬥不休的鄰國吐谷渾國王親自到長安謁見，也迎娶了唐帝國的宗室女弘化公主，爲了顯示對吐谷渾的重視，唐帝國似乎並未告知弘化公主並非帝女，送親的大臣還因爲酒後吐眞言而遭到懲處[4]。吐蕃與吐谷渾之間的競爭後來越演越烈，叛逃到吐蕃的大臣甚至想謀害弘化公主、劫持國王到吐蕃，只是沒有成功。

在吐蕃與吐谷渾交戰時，雙方都曾經請求唐帝國幫助自己，弘化公主可能因此回國求援，反而文成公主在此時並沒有留下任何紀錄，顯然她並不能控制吐蕃，這兩位遠嫁西南的公主也沒有辦法力挽狂瀾，在吐蕃猛烈的攻勢下，弘化公主只能帶著丈夫、兒子與數千帳人馬逃往河西走廊，請求內附成爲唐帝國的一部分，弘化公主也得以終老於唐。

3 林冠群，《玉帛干戈：唐蕃關係史研究》（新北：聯經，2016），頁163-164。

4 弘化公主在史書中明確地指出她並非唐太宗之女，在公主傳中也沒有編入她的排行，在冊府元龜中則說她是「太宗族妹」，但在公主本人的墓誌中，卻說她是太宗之女。在我看來，這並非是史書的問題，因為如果真是太宗的女兒，應該會寫上「太宗第幾女」，之所以連她的生父都不提、只說她是太宗之女，有可能她是非常遠支的宗室或是叛臣之女，才需要如此隱瞞身世。

相較於弘化公主的積極，文成公主在吐蕃的作爲就比較不明朗，在吐谷渾敗逃後，吐蕃控制了整個青藏高原，反而成爲唐帝國的心腹之患，文成公主的丈夫去世後，吐蕃曾以公主的名義到唐帝國報喪，並且再次請求和親，此時已經由唐太宗的兒子高宗即位，高宗拒絕和親，只派人去協助公主處理喪儀，數年後，文成公主也在出嫁近四十年後去世。

文成公主去世後，吐蕃曾再三要求和親，威勢最盛時，更曾指名希望迎娶高宗與武則天所生的幼女太平公主，嚇得高宗夫婦以公主已經出家爲道士作爲托詞才免除和親，顯見唐帝國並不願意與吐蕃發生正面衝突，這是因爲西突厥在這段時間曾與吐蕃聯手想奪取河西走廊。

在西突厥的問題處理完後，已經滅國將近半世紀的東突厥竟然浴火重生，由旁系王族建立的突厥第二汗國靈活狡猾不下於唐，十多年纏鬥已經讓唐帝國疲憊不堪，爲了全力抵禦突厥，武則天之子唐中宗必須安撫吐蕃，加上吐蕃因爲國王戰死、內部混亂的關係，由幼王登基，攝政的王祖母爲了安定局勢而請求和親，並以文成公主曾嫁到吐蕃的緣故，自居外甥、稱唐爲舅，確立了兩國爲舅甥之國的模式[5]。

爲顯誠意，唐中宗決定將自己的養女金城公主嫁往吐蕃。金城公主在輩分上是中宗的侄孫女，她的父親雍王是武則天孫輩中最年長的，也是李唐王族中的重要成員。從金城公主的年紀看來，應該是中宗即位後不久所收養，當時其他公主都已出嫁，金城公主雖非親生但確實是中宗的掌上明珠。

因此，金城公主和親的規格與賞賜都是開國以來最高的一次，爲了招待迎親隊伍，中宗組織了國家代表隊，與吐蕃比賽馬球，比數一度落後，中場由公主的堂哥、後來的唐玄宗率領其他王子與駙馬們反攻，才沒讓地主國丟了面子。

5 林冠群認為，這裡的「舅甥」在唐蕃兩國之間的意義隨著時間有所不同，在吐蕃看來，求娶金城公主期間所稱的舅甥，是岳父與女婿，在金城公主的堂兄玄宗即位後，就降格成為妻舅與妹婿。兩者的意思並非從頭到尾相同，兩國的認知也有差距。參見林冠群，《玉帛干戈：唐蕃關係史研究》，頁273-274。

金城公主出嫁的年紀可能不滿十四歲，如此幼小的年紀要遠離家鄉去到吐蕃，讓中宗感到憂心不已，在送嫁時一反常態，親自將公主送到長安近郊，舉辦了大型的送別宴會不說，還將父女二人訣別之處改爲金城縣，將此地的稅收畫歸公主使用。

這場送別會顯然冠蓋雲集，人一多就要寫詩，當時的重臣文士們紛紛以送公主和親爲題寫詩，雖然下筆的角度不同，但從其中可以發現，大部分的詩都顯示一種上對下的心態，文詞雖然有差異，但大多認爲：和親是策略、是皇帝特別恩待，才讓吐蕃這等蠻夷之邦竟然娶到高貴的公主。這樣的論述在過去其實不曾出現，這可能是因爲金城公主特別的身分，也有可能是唐帝國已經不再將和親視爲求和的手段或平等的結盟，而是一種上對下的恩惠，公主也被預期要肩負更重要的角色[6]。中宗顯然也如此囑咐自己心愛的小女兒，但他對於兩國和好的心願，卻讓金城公主一生都陷於痛苦。

中宗對於金城公主確實另眼相待，她跟其他公主們一樣在長安有公主府，有官員會替她處理相應的公務，並因爲她的和親而另外增加了員額。中宗去世後，中宗之弟睿宗即位，再次派遣使節，以「叔父繼恩」的名義，將名爲姪女、實爲姪孫的金城公主立爲自己的「長女」，實際上睿宗的女兒們都比金城公主年長，在此聲明爲長女的意思，無非就是抬高金城公主的身分，藉此表示兩國的邦誼不會因爲皇帝去世而降格。

睿宗不久後退位，由其子玄宗即位，金城公主也因此改稱玄宗爲「皇帝兄」，他在漢地的公主在上書時都稱「某公主妾李」，但金城公主的上書都自稱「奴奴」，這可能就是她的名字，也因爲其他公主有屬官代筆，文章大多很近似朝廷的

6 日本學者藤野月子認為，在金城公主的送別宴上雖然許多人都用了烏孫公主或昭君的典故來描寫和親之苦，但此時的唐並不像漢初那麼弱勢，在金城公主之前，文成公主曾試圖介入兩國之間達成某種程度的和平，而唐也期待身分高貴的金城公主可以達到這個目的。參見藤野月子，《王昭君から文成公主へ——中国古代の国際結婚》，頁111。

用語，但金城公主上書卻鮮少使用典故，文句也比較白話，或許是她自己或吐蕃當地通漢語的官員草擬。

金城公主嫁到吐蕃後，跟文成公主一樣另築一城居住，她的丈夫另有妻妾，金城公主也沒有孩子。在吐蕃的史料中曾有過一個「宴前認舅」的故事，大意是說金城公主生下一子，卻被贊普的元配所奪，傷心的公主於是降下詛咒，直到王子週歲時，元妃與金城公主的家人都來祝賀，而聰慧的小王子最後奔向漢人舅父的身邊。這個故事在藏地流傳甚廣，雖不可信，但也可見金城公主在藏地仍受到同情。

只是唐蕃兩國的關係並沒有因為金城公主而長治久安，她反而成為吐蕃的外交棋子，從睿宗到玄宗朝，吐蕃與唐帝國的戰和無定，金城公主的處境顯然艱難，她曾寫信告訴玄宗：「奴奴很平安，請皇帝兄不要擔憂。這裡的宰相告訴我『贊普很希望和好，也親自簽署了發誓和好的文書，是皇帝不願意配合』奴奴下嫁吐蕃，是因為希望兩國和好，如今這番騷動，對未來的安和不是好事。希望皇帝兄可憐奴奴遠在他國，趕快親署誓文，這並不是尋常小事，（一旦成功）兩國即刻就能長久安穩，請求您惦念此事（儘快促成）。」從這段話可以看出，公主與丈夫之間的信任基礎並不深厚，無法直接探尋吐蕃贊普的眞意，而吐蕃方面告訴她兩國之所以不能順利談和的原因，是因爲玄宗拒絕簽署盟誓，在公主的懇請下，玄宗只能應允所求。

但這次的盟誓並未得到長久的和平，學者林冠群認爲，吐蕃的反覆不定讓唐帝國無所適從，雙方微薄的信任基礎日漸消磨，就連身在吐蕃的金城公主都一度考慮過逃離，顯見得連公主都無法干預吐蕃的決策，其中最關鍵的原因，就是吐蕃受到唐帝國影響後，也建立了贊普爲天神之子、以吐蕃爲中心的天下觀，舅甥之國的交往模式，從文成公主時代確實有姻親之誼的信賴，到金城公主時也已經變成吐蕃用以應付唐帝國的工具[7]。

7 林冠群，《干戈玉帛：唐蕃關係史研究》，頁219-338。

金城公主的婚姻與政治環境顯然步步險惡，在她意圖出逃的計畫失敗後，她仍持續請求立界碑以免繼續衝突，在西元七三四年，雙方終於在赤嶺立下界碑，表示互不侵犯，但不久後吐蕃又攻擊唐帝國的屬國，玄宗下令發兵攻擊，在兩國的激烈衝突中，身心俱疲的金城公主去世，距離她背負著父皇期待嫁入吐蕃之時正好三十年，消息傳回長安已是一年後的事，吐蕃報信的使者同時肩負著請和的使命，但被激怒的玄宗拒絕和談，直到數月之後才正式替這位埋骨於高原的妹妹舉行葬禮。

金城公主之後，唐蕃兩國的關係更顯緊張，吐蕃在玄宗統治的後期日漸壯大，在安史亂後取得了與唐、迴鶻三強鼎立的局面。

唐玄宗的公主外交

早在金城公主出生前，東西突厥分別滅亡，但東突厥的遠支王族中有一對名叫骨咄祿與默啜的兄弟，他們生長於唐帝國統治下的西域，雖然臣服卻沒有忘記自己的歷史，在唐帝國看來是五十年的平穩安寧，但在突厥人看來，卻是漫長的奴役與屈辱。骨咄祿的兒子在後來回憶這段歷史時，他曾如此說：「我們曾是一個擁有獨立國家的民族，但如今我們自己的國家在哪裡？我們是在爲誰的利益征服這些地方？我們曾是一個擁有自己可汗的民族，但如今我們自己的可汗在哪裡？我們現在在爲哪個可汗效勞？」這樣的自覺似乎也解釋了各種小規模的遊牧部落變亂因何而生，因此，當骨咄祿兄弟橫空出世後，不到十年，跟隨他們的突厥人很快地就從十七人、增加到七百人再增加到數十萬人，在骨咄祿與默啜統治的時間，這個被後世稱爲突厥第二汗國或者後突厥汗國的遊牧國家迅速擴張，成爲北亞最強大的國家。

似乎是在唐帝國待的時間久了，骨咄祿與默啜對唐帝國毫無信任，他們熟稔地玩弄著戰爭與和談的技術，當需要和談時，他們就會提出和親的要求，甚至也有可能願意自居兒子，例如武則天稱帝時，默啜就曾要求要拜乾媽，並希望武則天送一位皇族男子來突厥當女婿，但是當武則天派出了出身武氏的帥氣男孩，默啜馬上反悔，並指稱他只要李唐皇族的男子、不要冒牌貨，並揚言要舉兵扶保李唐復辟，氣得武則天取消和親，並嚴陣以待，只是苦了那位被送去和親的男孩，好在他非常聰明伶俐，在突厥學會了各種舞蹈，多年後回國反而成爲時尙舞王，最後贏得一位公主的芳心，還是當了駙馬爺。

武則天去世後，她的兒子中宗、睿宗繼立，在睿宗的時代，默啜也已經年邁，突厥控制的部落如契丹、奚等也開始逃離、投靠唐帝國，或許是爲了安定局勢，默啜再次請求和親，而睿宗也破天荒地應允婚事，將自己的孫女封爲金山公主，準備嫁往突厥，就在突厥前來迎親之時，睿宗因爲朝廷內部爭鬥不休而決定退位，將皇帝的位子讓給玄宗，而年輕力壯的玄宗旋即拒絕了婚事。

默啜可汗英雄一世，卻在晚年中了埋伏而死，他死後，他哥哥骨咄祿的兒子，趁勢而起，殺了默啜預計傳位的兒子們，自立爲毗伽可汗，默啜的家人與親信們只能帶領人馬投靠玄宗，在前面討論到粟特人婚姻時提過的康阿義屈達干家族，就是在此時入唐。

毗伽可汗善於玩弄外交權術，玄宗也不信任突厥，爲了穩定與拉攏東北的局勢，玄宗在統治期間陸續選派了七位公主嫁給東北的奚與契丹，以此牽制突厥。最早嫁往奚的固安公主本姓辛，是一位大臣的庶女，嫡母則是李唐皇室出身，正如現在許多小說或戲劇中受到打壓的庶女，或許是嫡母捨不得親女遠嫁，竟讓她冒名頂替，因此朝廷並不知道她並非皇親。

但固安公主在奚力求表現，當她聽說丈夫的部屬想要刺殺奚王投靠突厥時，公主不動聲色地擺酒請客，在席間將叛變的部下殺掉、即時阻止了此事，消息傳回長安，自然是大功一件，因此得到了豐厚的賞賜。然而固安公主的功勞卻引來嫡母的嫉妒，一開始不願意遠嫁親生女兒，後來見庶女苦心經營有成竟想撿尾刀，她上奏

揭發了固安公主的身世，要求以親生女兒代替，已經在奚努力多年的公主自然不願意，也上書與嫡母互相攻訐，此事可見玄宗的寡恩，他並未嘉獎公主的努力，也沒有責備公主嫡母欺君，反而指派了另一位出身更近的公主代替，固安公主從此消失在歷史上，而唐帝國在東北也失去了最可靠的隊友。

經過數年的謀畫，唐突雙方各自低調地準備，最終在西元七二〇年，唐帝國召集臣服於唐的北方部落與歸降於唐的突厥人馬，準備一舉擊破突厥。但沒想到毗伽可汗的謀臣更勝一籌，使用了規避戰術，挪移了大軍所在的位置，讓最近的拔悉密軍雖然快速抵達現場卻無後援，藉此打亂唐帝國援軍的節奏，隨後分兵攻擊唐軍的指揮中心北庭，而後進入河西走廊，從唐軍的側邊襲擊，因此大獲全勝，並奪回了原先歸降唐帝國的突厥部衆。

如果是過去的突厥大汗們，可能會趁勝追擊，但毗伽可汗君臣見好就收、馬上遣使和談，甚至願意奉玄宗爲父，可說是誠意十足，在北境跌了跟頭的唐玄宗自然也只能答應。同時，毗伽可汗仍要求和親，在史書上說玄宗並未應允，只是賞賜了許多貴重的東西打發。大約四五年後，由於玄宗即將東巡，怕突厥趁勢作亂，玄宗派使節北上，要求突厥送親信重臣前來隨從東巡，一方面作爲人質、另一方面也顯示國內已做好萬全準備。

突厥並沒有趁機偷襲的打算，當使臣前來時，毗伽可汗設宴款待，他的結髮妻子與老丈人兼首席謀臣都在場，毗伽可汗對唐廷提出抗議：「吐蕃是狗種，唐國卻跟他們通婚，奚及契丹從前是突厥之奴，也娶了唐家公主，唯獨我突厥前後多次請求和親，卻不允許，爲什麼呢？」

使臣連忙回答：「可汗您已經是皇帝的兒子，哪有父子一家通婚的事呢？」這說法是站在父系家族的傳統，而唐與突厥確實也都是父系家族之內不通婚。但毗伽可汗的回答顯示他對唐與其周邊各國的動向瞭如指掌：「奚與契丹也都曾賜姓李氏（換言之即是皇室），但還是能娶公主，依循這慣例的話，有何不可？而且我聽說嫁入諸蕃的公主，都不是天子親生女兒，今日只求和親，公主不論眞假都行，只是屢次請求都未得，實在讓我在諸蕃面前抬不起頭。」

話說到這裡，使臣也只能推託著答應會向上奏請。但毗伽可汗在髮妻之前要求和親的舉動看來，突厥只打算將唐公主列於衆妻之一，重點在於迎娶公主彰顯了與唐帝國的關係，甚至比得到皇室姓氏更重要。公主是否爲眞公主也無關緊要，而是娶不到公主讓突厥可汗自覺矮人一等。

在史書上紀錄，唐玄宗始終沒有同意和親，但在後來出土的墓誌中，我們發現玄宗被突厥擊敗後曾經考慮過和親，只是派出的公主並非李唐皇族，甚至不是漢人，而是默啜可汗的女兒、毗伽可汗的堂妹。這個安排對於突厥公主或毗伽可汗都是一種羞辱，因爲突厥可以接受男人迎娶庶母或寡嫂，卻不允許父系家族內部通婚，而且這位公主的哥哥與毗伽可汗爭奪汗位失敗，她們才帶領人馬逃往唐帝國，公主的丈夫犯罪被殺，她自己也沒入宮廷爲奴，西元七二三年，她又被玄宗封爲公主，想要將她嫁回突厥。

這位突厥公主雖然才二十五歲，已經經歷過國破家亡、夫死爲奴的種種悲慘，但她一旦回到突厥面對過去的族人又是雙倍的羞辱，一是毗伽可汗與她既是血親也是死敵，二是她身爲突厥公主又怎能成爲唐帝國的公主？出嫁之前，玄宗讓她離開皇宮、回到哥哥的宅邸待嫁，不久，突厥公主就突然去世，後世學者認爲，公主可能是以自殺來表達抗拒之意[1]。突厥公主的死訊似乎沒有傳到突厥，兩國也沒有再討論和親問題。而後毗伽可汗於七三四年被權臣所害，突厥陷入混亂，混亂的局勢中，奚與契丹也蠢蠢欲動，唐再次派遣兩位年少的公主出國和親，其中一位宜芳公主離開國境前，於驛站的屏風上提下了一首詩：「出嫁辭鄉國，由來此別難。聖恩愁遠道，行路泣相看。沙塞容顏盡，邊隅粉黛殘。妾心何所斷，他日望長安。」這首詩寫得並不算出色，但也可從中讀到宜芳公主的無奈。沒有人預料到，在公主寫下這首詩後不久就香消玉殞，因爲奚與契丹相約叛變，爲了表示決心，他們殺害了

1 森安孝夫，張雅婷譯，《絲路、遊牧民與唐帝國：從中央歐亞出發，遊牧民眼中的拓跋國家》，頁301-308。

兩位公主，宜芳公主的聲音也就此消失，留在驛站屏風上的詩句成爲她唯一留在世上的紀念。

唐玄宗在歷史上被認爲是建立了開元之治的明君，但他利用和親公主們意圖控制東亞與內亞的舉動，卻總是因爲他自己的誤判而受挫，在他的時代，並沒有出現如解憂公主、義城公主那樣威望崇隆、能實行統治的遊牧王后。

帝女遠嫁：唐中葉後的和親公主

唐玄宗統治末期，突厥被新崛起的回鶻所滅，吐蕃也早已深入內亞，同時，來自西邊的伊斯蘭帝國也開始攻占中亞，唐帝國的勢力逐漸退縮到河西走廊以東。西元七五五年爆發的安史之亂，更是直刺帝國的腹心地帶，唐玄宗倉皇出逃，在馬嵬坡的軍事政變中，他失去了心愛的楊貴妃與皇位。

新君肅宗登基，隨即面對安史大軍壓境，為了取得外援，肅宗派遣堂弟敦煌王向北亞的新霸主回鶻求助，這位年輕的皇室男子顯然得到了回鶻可汗的賞識，不但順利借到大軍，回鶻可汗還將女兒嫁給他[1]。

敦煌王在皇室中並不是非常受重視的直系皇族，肅宗派他出去時恐怕沒有抱太

1 有一說是將可敦的妹妹認作女兒出嫁。

大期望，但當敦煌王帶著好消息回來後，肅宗不但馬上給他加官，還封回鶻公主爲毗伽公主，並以和親的名義派遣大將濮固懷恩陪同敦煌王前往回鶻完婚，回鶻貴族也隨著毗伽公主一同前往靈武拜見肅宗，兩國的太子還結爲兄弟，幫助唐軍收復了東都洛陽，只是回鶻軍隊雖然能戰卻非常不受控制，在戰後肆意劫掠，但肅宗父子也只能呑下屈辱，封回鶻太子爲忠義王，並允諾每年送兩萬匹布給回鶻。

請神容易送神難，正當肅宗爲此頭痛時，剛與毗伽公主完婚的敦煌王突然去世，毗伽公主也回到回鶻。但與安史軍的戰爭仍在持續，與回鶻的連結不能中斷，肅宗也只能一咬牙做出唐帝國開國以來最大的讓利：將親生女兒寧國公主嫁給回鶻可汗。

肅宗總共有八個女兒，寧國公主排行第二，卻無疑是命運最多舛的一個，在肅宗還是太子的時候，寧國公主已經先後嫁了兩任丈夫，安史之亂爆發時，她的第二任丈夫剛去世，玄宗與肅宗倉皇西行，她孤身無依，在逃離長安的路上與三妹和政公主重逢，全靠著妹妹夫婦的保護才能活下來，從兩位公主的年齡推算，寧國公主和親時的年齡應該是二十七歲以上，在其他妹妹們都已婚配或者未成年的情況下，已經孀居兩次的寧國公主就成爲和親的最佳人選。

肅宗對苦命的女兒還要遠嫁仍感到痛心，除了派遣皇室近親作爲送嫁使節之外，也選了一位姪女陪同寧國公主一起嫁到回鶻，並親自送到咸陽，父女二人臨別之時，寧國公主哭著說：「國家事重，死且無恨。」而肅宗聽到女兒的話也淚流不止。

這不只是肅宗父女爲國捨親的痛苦，對於唐帝國而言，也是一個重要的轉折，在此之前，唐帝國的皇帝們看待和親只有策略，即便是中宗與金城公主也僅是不捨，但寧國公主臨別時的話，顯見她並不只是不捨父母，而是她心知自己是爲國犧牲，加入了人情與時局，和親從無情的外交策略，變成不甘願卻不得不的「屈辱」。

即便此時的官方文書再怎樣渲染唐與回鶻如何親厚，但雙方都知道，這次唐帝國派遣了開國以來級別最高的公主，也意味著有多麼需要回鶻的支援。雖然回鶻在

表面上仍接受唐帝國的冊封，似乎十分忠心，但在這次的婚禮中，他們也顯示了不甘居於唐帝國之下的自尊。

事情發生在寧國公主抵達回鶻之後，在婚禮前送親的皇室宗親當然要自我介紹，而回鶻可汗卻仍高坐不願站起來接受皇帝詔書，因此，送親的宗室非常生氣：「唐天子因爲可汗有功勞，才將女兒送來聯姻，從前中國與外蕃結親都只是宗室之女封爲公主而已，但如今的寧國公主是皇帝的親生女兒，又有才貌，千里迢迢來嫁給可汗，如今可汗就是唐的女婿了，應該有禮數，哪有坐在榻上接受詔命的呢！」

史書記載，在講了這番話後，回鶻可汗連忙起身拜謝詔書，似乎幡然悔悟，但事實上在這段紀錄後面也說，這番話講完之後，周邊來觀禮的諸國貴冑齊聲歡呼：「唐天子如此看重回鶻，竟把眞的女兒嫁來。」換言之，從表面上這位送親的宗室是維持了唐帝國的臉面，但對於回鶻而言，這也沒什麼損失，重點是在諸國之前坐實了他是第一位娶了皇帝親女的可汗，更是大大提高他的聲望。

此後，回鶻仍持續地支援兵馬，同時，當初隨同敦煌王前去回鶻和親的大將濮固懷恩也在此時逐漸成爲唐與回鶻之間的橋樑，濮固懷恩是鐵勒的部落領袖，鐵勒與回鶻之間本來就非常親近，語言上應該也能相通，因此，回鶻有許多需要陳情的事也都會拜託濮固懷恩轉達。可能就在可汗迎娶寧國公主前後，就透過濮固懷恩替小兒子求親，希望可以再與唐帝國聯姻，但肅宗不肯再加碼，就命濮固懷恩的女兒嫁給回鶻可汗之子。有了這層姻親關係，濮固懷恩更是成爲回鶻的代言人，他對唐帝國十分忠誠，但回鶻也非常地信任他。

寧國公主的第三次婚姻非常短暫，不到一年，可汗去世，由迎娶了濮固懷恩女兒的小兒子繼承，是爲登里可汗，後來，濮固懷恩的女兒被唐帝國封爲光親可敦。就在此時，回鶻卻要求寧國公主殉葬，在危急之時，寧國公主表示自己是唐的公主，應該要按照唐的規矩行事，經過折衝後，寧國公主依照回鶻的喪俗「剺（音同離）面」，就是以刀割破臉表示哀悼，最後因爲寧國公主沒有生子，被登里可汗允許回到唐帝國。

寧國公主得以回歸，一方面是她沒有生子，另一方面也不能忽略光親可敦的作

用，她與丈夫登里可汗的感情十分緊密，從她的角度看來，假如收繼婚，寧國公主就會是比她地位更高的可敦，那麼寧國公主回國對她或許更好一些。雖然陪同寧國公主一同前往回鶻的還有一位皇室女子，這位縣主在回鶻被稱爲小寧國公主，她與光親可敦一起成爲登里可汗之妻，但似乎還是光親可敦更重要。

登里可汗即位時還很年輕，在他看來，唐帝國已然衰敗不堪、可以強取。不到三年，已退位的唐玄宗與唐肅宗父子接連去世，由太子唐代宗登基，此時安史之亂的叛軍也派人與登里可汗接觸，告訴他唐皇帝已死、可以發兵奪取唐帝國的府庫財物。雖然即位的唐代宗也連忙派遣使節前去安撫登里可汗，並邀請他入唐追擊安史軍，但登里可汗提兵前來時，看見的不是富庶的唐帝國，而是滿目瘡痍的城池，對於唐帝國的敬意至此蕩然無存。

登里可汗此行也帶了光親可敦，讓妻子可以見家人，因此，濮固懷恩西行見女，也透過這次機會勸說登里可汗維繫過去的同盟關係，不要倒向安史軍。顯然老丈人的說服力還是比較高，登里可汗於是與老丈人一同出征，回鶻軍在前，濮固懷恩軍殿後，此次的戰役，回鶻軍確實居功厥偉，但沿途依舊燒殺擄掠，而唐帝國無力控制，只能隱忍不發。

在這次戰役之前，唐帝國派出了太子（後來的唐德宗）與一個使團前去接見登里可汗，但登里可汗卻要求太子帳前跳舞助興，這不論是唐帝國或中國史上，可說是前所未見的要求，回鶻的官員們甚至說：「唐天子與我們可汗結爲兄弟，那可汗就是太子的叔叔，給叔叔跳個舞才是有禮數吧！」

在這裡需要注意的是，當寧國公主出嫁時，兩國的身分是丈人與女婿，如果像吐蕃那樣的狀況，即便公主去世，仍可以稱舅甥之國，更何況小寧國公主仍在回鶻，依照唐的慣例，不可能以兄弟關係來定義彼此的關係。但顯然回鶻並沒有遵循這個規範，或許在登里可汗看來，光親可敦與濮固懷恩才是他眞正的妻家，雖然他按照習俗也接收了小寧國公主，但他並不以唐的女婿自居，反過來，在唐帝國風雨飄搖之時，登里可汗藉此重新定義了兩國的關係。

這場爭執的結果最後非常血腥，不知爲何，唐帝國的官員退了一大步，以老皇

帝剛去世、長孫守喪不能跳舞爲由閃躲，雙方僵持不下，回鶻反而用暴力壓迫，將隨行的官員抓起來鞭打一百，其中兩人承受不住當場死亡，太子在衆人圍觀中忍受著憤怒與屈辱，最後是登里可汗的母親親自出面，一路保護他離開。雖然最後他平安回到長安，但對於回鶻也不再信任，這件事被稱爲「陝州之恥」，在中唐之後也影響了兩國的關係。

濮固懷恩成爲回鶻最重要的對唐窗口，反過來也成爲他的靠山，在安史之亂平定後，軍隊與宦官之間產生了矛盾，在宦官的挑撥下，唐代宗與濮固懷恩君臣離心，感受到皇帝的猜忌，濮固懷恩只能投靠女兒光親可敦，甚至引回鶻軍隊入唐，被擊退後，在失望與痛苦中去世。他有不少孩子，但似乎將女兒與老母親留在唐帝國，可能帶了幾個兒子隨他一同入回鶻。

光親可敦在史書中的紀錄並不多，但她與登里可汗之間的羈絆顯然很深，即便在她父親兵敗去世，唐帝國派遣濮固懷恩的老上司郭子儀前去談和，登里可汗與回鶻的貴族們願意認輸、和談，卻表示濮固家的兒子們是可敦的兄弟、請不要殺害他們，也因此，濮固家的兒子後來就留在回鶻、統領一部兵馬。

光親可敦在三年後過世，距離她出嫁不過十年，她去世時可能還不到三十歲。

照理來說，光親可敦去世，小寧國公主仍在，應該可以作爲兩國的聯繫，但唐帝國隨即將濮固懷恩留在唐的幼女封爲崇徽公主，嫁往回鶻，並正式冊封爲可敦，可見得唐帝國並無意將親生的公主再遠嫁，而比起唐國宗女，登里可汗或許更願意迎娶髮妻之妹，因此，濮固懷恩的女兒就成爲雙方都能接受的人選。

但不管是崇徽公主或小寧國公主，似乎都不能控制登里可汗對唐帝國的敵意，我個人猜測，或許光親可敦的早逝，讓他原本就對唐帝國保持的輕視轉成了復仇一般的恨意吧？當他聽聞唐代宗去世、唐德宗即位的消息，更堅定了攻打唐帝國的心意，但還沒攻入長安，登里可汗就被親唐的宰相頓莫賀所殺，宰相隨即自立，接受唐帝國冊封爲天親可汗。

此時，崇徽公主或許已經去世，在史書中沒有再提及她的名字，而小寧國公主的兒子們被天親可汗所殺，小寧國公主也被趕出汗庭，自己帶著人馬獨居在外，不

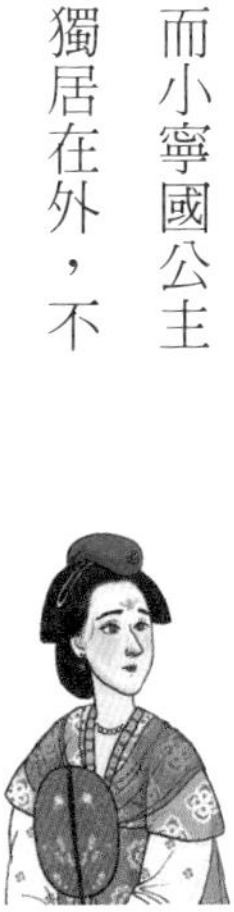

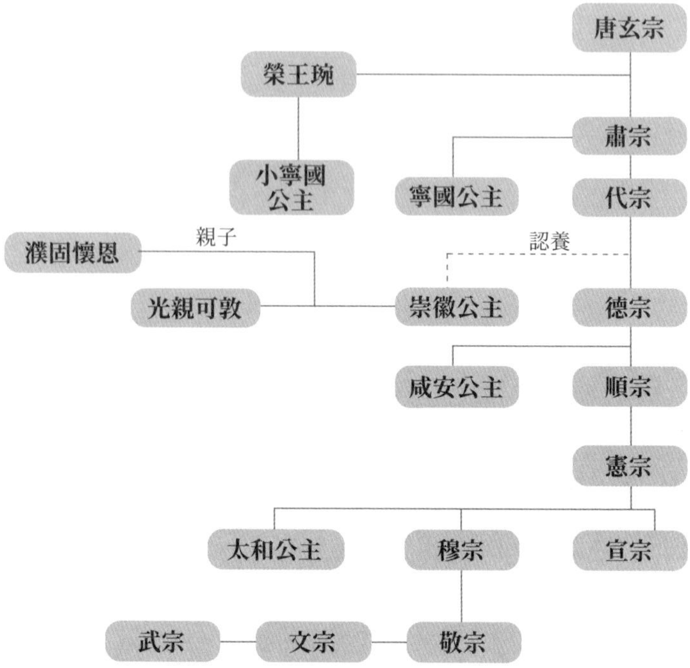

中唐和親公主&唐皇室世系圖

久，這位身世飄零又不曾得到父國憐惜的公主黯然去世，卻要等到兩國之間再次和解後，她的死訊才傳到唐帝國。

天親可汗與登里的態度截然不同，他既然殺了公主的兒子，自然與小寧國公主是冤家，不可能透過公主與唐建立關係，因此，他非常積極地向唐求婚。然而，就像登里可汗對唐有敵意一樣，曾受到陝州之恥的唐德宗對回鶻的恨意也很深，但此時的吐蕃控制了河西走廊，對唐而言已成心腹之患，唐德宗雖然非常怨恨回鶻，卻抵不過大臣李泌的再三勸說，最後，李泌以「當初侮辱陛下的是登里可汗，被如今的天親可汗所殺，天親可汗可說是替陛下報仇。」「陛下沒有對不起當初陝州死去的臣子，是他們沒有盡到保護的責任，才讓陛下受辱。」這兩套說詞，攻破德宗心中深深的罪惡感，答應許嫁親生女兒咸安公主。

咸安公主此嫁的戰略意義很明確，而天親可汗的助力也很顯著，不但再次強調雙方原是兄弟、如今是翁婿，而女婿既是半子，就應該替丈人出力，因此很快就壓制了吐蕃的擴展。至此，原先對和親抱持著疑慮與怨恨的德宗又驚又喜地召來李

泌，感謝他所提出的和親之策，但對於女兒遠嫁，德宗似乎沒有太傷心的表現。

咸安公主此後就沒有太多紀錄，她先後嫁了四任可汗，在出嫁二十一年後於回鶻去世，此間兩國之間的關係還算和平，但維繫這段和平的原因是唐每年付出大量的絲織品與回鶻買馬，這樣的和親代價算不算高？也是後來的皇帝們持續思考的問題。

德宗之後是順宗，順宗即位不到半年就因爲政變下台，由其子憲宗登基，憲宗的態度就像當年登里可汗對唐一樣，在安史之亂後的穩定中，他亟欲擺脫過去的藩鎮與回鶻陰影，此時也開始有一些文人提出了對和親不滿的聲音，例如：「君王莫信和親策，生得胡雛虜更多。」這一首詩認爲和親是姑息養奸，另一首詩則將和親連結到了「恥辱」的層面，在當時的筆記中曾經提到，咸安公主去世後，群臣認爲應該持續和親，但憲宗不置可否，迂迴地引用了「漢家青史上，計拙是和親。社稷依明主，安危托婦人。」這首詩來表現自己對於和親的否定態度。

在憲宗朝，回鶻曾幾次求婚卻都被打發，此時回鶻在唐帝國專心對藩鎮作戰的時候，持續擴張，成爲北亞與內亞的霸主。直到憲宗病重、去世之前才同意許嫁幼女永安公主，但當回鶻的迎親使團出發時，回鶻內部發生政變，可汗被殺，由其子崇德可汗登基，唐帝國評估後，改由較爲年長的太和公主出嫁。

為了表示迎娶公主的誠意，回鶻不僅派遣許多達官顯貴充任迎親使，更發出兩萬大軍分兵驅逐吐蕃，以防公主半路被搶。在公主抵達汗庭之後，先接受唐帝國冊封可敦的詔書，接著換上回鶻的服飾後，先俯拜可汗後，再換上可敦服飾，第二次拜過可汗後，再登上肩輿，由回鶻與粟特貴族們扛著肩輿轉了九圈後，才正式坐上可敦寶座。

這是唐代的史書上第一次仔細地記錄公主成爲可敦的禮儀，一方面可見此時的回鶻已經發展出了自己的傳統，先換回鶻的常服顯示公主成爲回鶻人，再換可敦服顯示公主是正式的可敦，藉此去除了唐帝國的元素、歸化爲回鶻人。另一方面也顯示太和公主與唐帝國無法拒絕回鶻，雖然他們在婚禮前曾拒絕讓公主與可汗先見面，但當婚禮開始之後，唐帝國的官員也不能阻止公主必須按照回鶻的方式才能成

爲可敦。

太和公主的處境遠不如咸安公主安穩，她先後嫁了三任丈夫，前後將近二十年，在最後一任丈夫彰信可汗的時候，因爲回鶻內亂，彰信可汗被殺，但篡位者隨即被所屬的黠戛斯部落擊敗，在戰亂之中，太和公主一度不知所終。消息傳回唐帝國，當時已經是太和公主的侄子唐武宗的時代，宰相李德裕上書，要求派人尋找公主，他認爲如果唐帝國沒有訪視公主的行動，會讓人認爲唐帝國一開始就是不要這個公主才出嫁、一旦沒用了就可以隨便拋棄，這樣不但是對不起太和公主，也會讓回鶻人寒心。

唐武宗同意了，隨即派人前去尋找太和公主，不過黠戛斯在攻破回鶻後就已經找到公主，並派遣貴族保護她南下回唐，但在中途遇到了太和公主的小叔、自立爲可汗的烏介，烏介隨即殺了黠戛斯的使節，挾持著公主人質，要求唐帝國的邊鎮天德城開城讓公主與他一同居住，失去回鶻故地的烏介可汗也只能在邊境劫掠來維持生計。

太和公主在進入天德城之後，遣使回到長安報平安，也表示烏介已自立爲可汗，爲了安定局勢，乾脆將錯就錯發出可汗冊封了事。但知道回鶻已破散的唐帝國當然不會錯過這次機會，他們一邊獎勵黠戛斯想送公主和好的心意，另一方面李德裕以皇帝之名發信給太和公主，一方面表達太皇太后（公主的嫡母）的思念之情與皇帝對姑母的憐惜愛護，另一方面也以嚴厲的詞語表示：「姑母是回鶻國母，大可以指揮他們，如果回鶻不聽妳的話，那就是不認我們這個親戚，從今往後不要再拿姑母當托詞，如果他們還想倚賴我們，那就應該聽姑母的話，還有重修舊好的一天。」

這封胡蘿蔔加大棒一般的詔書一出，唐帝國就已經命河東軍與邊疆軍隊備戰，此時回鶻有一名姓濮固的官員（或許是濮固懷恩的後裔）私下前往幽州，說好會將公主送回唐帝國，而後河東軍襲擊烏介後，派出另一支小隊前去迎接公主，而後在黠戛斯的協助下，順利保護公主回到長安。

距離公主出嫁二十一年後，歸國的太和公主得到了英雄式的迎接，武宗下令所有的皇親國戚都要去迎接，藉故不到的人都遭到了懲處。然而，太和公主十分謹慎小心，她不但在父親與哥哥的的靈前痛哭，在入宮之前，還先在宮門外脫去華服與首飾，以罪人的姿態表達自己有虧職守、致使回鶻辜負唐國恩典，直到皇帝赦免才起身，當然，沒有人會因此怪罪太和公主，只是她最後留在歷史上的這個身影，並不是皇帝的女兒或姑母，而是身爲回鶻的末代可敦與唐的和親公主，自責未能完成使命。隨後她改封定安大長公主，在長安終老。

5 蒙古與清的公主們

太和公主是唐帝國最後一位和親的皇帝之女，在她之後，唐帝國與隨後的宋、明兩個帝國，都不願意再討論和親，對這些亟欲建立漢人主體性的王朝而言，和親是一種與蠻夷通婚的恥辱，重點還是在於和親並不只有公主嫁去就好，在唐帝國三百年的歷史上，公主們的和親伴隨的是終其一世必須年年送去的財貨，說好聽點是給公主的零用錢，但實際上就是以錢買和平，只是有了公主，就有可能以可敦的身分運作有利於本國的政策。

但我個人認為，對於宋與明最主要的敵人：契丹、女眞與蒙古而言，他們有皇族與后族相依的傳統，皇后很可能就是某位公主的女兒，本身就是牢固的統治團體，宋與明的公主嫁過去之後不能撼動國策，而養在深閨、沒有北族傳統的公主們也未必能承擔重任，那麼與其嫁個女兒過去受氣，不如雙方用更務實的關係來往為好。

少數的例外，發生在北宋末年的靖康之亂，南下侵略的女眞諸王聽說北宋公主的美貌，因此假借和親之說趁火打劫，拐走了一位公主之後仍然攻打汴京，北宋末年的公主們都在戰亂中被抓到女眞，成爲諸王的姬妾與奴婢，遭到了非人的暴力對待，幾乎都沒有好下場。這些令人哀憐的公主們，雖然一度說是和親，但實則與和親體制毫無關係，她們是戰爭中無辜的受害者。

那麼在唐之後，另外兩個統治了中國的遊牧帝國呢？不論是統治了歐亞大陸的蒙古汗國或者女眞人（滿人）建立的清帝國，都是遊牧民族建立的國家，在他們的傳統中，首領之女本身就是與其他部族結盟的媒介，女性在遊牧社會的地位也使公主們的統治有其文化淵源。

我想引用成吉思汗在女兒們出嫁時的訓誡來作爲證明，首先是他威名遠播的女兒們，其中最傑出的阿喇海別吉，才能深受父親與兄弟們肯定，在父兄西征時以監國公主的身分管理蒙古本部。在阿喇海別吉年少出嫁時，成吉思汗說：「我跳躍時，妳做我的一條腿，我滑倒時，妳做我靴底的鐵釘……記住，人生甚短，名聲永

存。」

另一個女兒阿勒屯出嫁時，成吉思汗仍然教誨她：「有教養的女人有三個丈夫，是哪三個丈夫呢？第一個丈夫是黃金的朝廷、第二個丈夫是妳貞潔的名聲，第三個丈夫才是娶妳的男人。所謂的三個丈夫就是如此，如果妳把國家（朝廷）看作自己的丈夫而忍耐順從，自然能得到妳的第二個丈夫─好名聲，如果維護了好的名譽，娶你的丈夫雖然與妳相隔萬里也不會遺棄妳。」

這裡的排序中，肉身的丈夫是最後一位，而公主們真正要效忠的對象其實是蒙古汗國。而另一位女兒扯扯亦堅出嫁時，成吉思汗命手下大將去訓誡她：「因為妳是汗父親生的女兒，所以要妳去鎮撫斡亦刺惕地方……把妳學成的一切優點都帶到那裡去，與斡亦刺惕百姓的關係必須修好。」[1]

研究蒙古公主與王后們的美國學者魏澤福，在整理了許多蒙古公主們的紀錄後提出一個有趣的說法：「如果兒子們是擴張汗國的矛，那女兒們就是守護諸國的盾。」[2]，雖然他所寫的《成吉思汗的女兒們》有一些過於誇大的想像，但蒙古汗國的公主們確實一出生就肩負政治聯姻的使命，而蒙古汗國也藉著公主的婚姻建立了一個特別的制度「古列堅」，這個詞是蒙古語的女婿，翻譯成漢文也有人以「駙馬」稱之。蒙古的古列堅通常都是各國的領袖，當他們求娶蒙古大汗的女兒時，必須離棄原先的妻子、未經許可也不能納妾，以此保障公主們的權力，正如成吉思汗對女婿所說的：「我把女兒嫁給你，你做我的第五個兒子。」古列堅在戰爭來臨時，必須將國家交給公主們統治，自己隨同大汗出征，由此換來蒙古汗國的保護與資源分享，這種藉由婚姻結成的同盟關係在成吉思汗去世後仍然被蒙古各汗國沿用。

到了清代，在還沒入關之前，滿人原先迎娶的是自己周邊、同是女眞的部落之

1 羅桑丹津著、色道爾吉譯，《蒙古黃金史》（呼和浩特：蒙古學，1993），頁181。

2 魏澤福著、黃中憲譯，《成吉思汗的女兒們（二版）》（台北：時報，2018），頁68-92。

女，但當他們開始坐大之後，首先迎娶的是鄰近的東蒙古科爾沁部之女，科爾沁部是成吉思汗弟弟的後裔，也是歷史悠久的黃金氏族[3]成員，嫁入滿清的貴族女子之一，就是在清初歷史上有重要地位的孝莊太后。滿人得了東蒙古之助，擊敗最後一任蒙古大汗林丹汗後，滿人的王公貴族們紛紛迎娶林丹汗的妻妾女兒，爲了安撫蒙古，清太宗之後的皇帝們，都會將公主嫁往蒙古，公主們在蒙古有自己的府邸與屬官之外，也會固定隨丈夫晉見皇帝，這樣的婚姻關係被稱爲「滿蒙聯姻」，被視爲清帝國的重要基礎。

清帝國兩百多年的歷史上，共有超過四百位具有皇室血緣的公主、格格們先後出嫁，她們所生育的兒女逆向與滿清皇室聯姻的紀錄也有兩百多人。可以說蒙古高原的各大部落，都有公主與格格們的足跡。研究清代公主和親的學者杜家驥認爲，這已經超越了過去的和親，是一種長期持續性、大規模的制度性聯姻，連帶產生的各種制度與交流，使得滿清皇室與蒙古諸部之間形成牢不可破的緊密統治階層[4]。

早期的公主們顯然比較活躍，與父母兄弟、乃至侄子們關係也比較緊密，例如清太宗皇太極的女兒淑慧公主，是順治皇帝的同母姊，在滿清入關後不久，嫁到蒙古的巴林部，在當地頗有威望，也一直都與皇室往來密切。在公主的母親孝莊太后去世前，都還鄭重地囑咐孫子康熙皇帝要照顧姑姑淑慧公主，因爲祖母鄭重相託，在淑慧公主年邁時，康熙皇帝特別將她接到北京就近照料，她所需的一切都由皇家支應，在公主去世前，康熙也去見了她最後一面。

爲了延續巴林部與皇室的親誼，康熙也將自己的女兒榮憲公主嫁往巴林部，她在巴林生活了三十餘年，在康熙晚年，太子與諸皇子爲了奪嫡鬧得不可開交，老皇帝傷心病重，榮憲公主此時人在北京，在父親身邊侍奉了四十多天，因此得到嘉

3 黃金氏族：蒙文寫作 Altan Urugh，即孛兒只斤（清代寫成博爾濟吉特）氏族，廣義的黃金家族包含成吉思汗與其兄弟的後代，在成吉思汗時明言只有黃金家族才能成為蒙古大汗。

4 關於清代滿蒙聯姻的相關史料整理與研究，參見杜家驥，《清朝滿蒙聯姻研究（上下）》，北京：故宮，2013。

獎，她的賢明讓她在巴林有「二公主媽媽」的稱呼。此後直到清末，巴林部都與皇室聯姻。

康熙時代的公主與格格們，在清帝國與準噶爾的戰爭中鼓勵她們的丈夫與兒子們隨帝出征，因爲這些公主牽起的姻親紐帶，也是許多蒙古王公們沒有背棄清帝國、改投準噶爾的原因。累代聯姻的蒙古王公與滿清皇室，如唇齒相依，只是清中葉後的公主與格格們未必長居於蒙古，很多時候反而是她們的丈夫入京任職，成爲皇帝了解蒙古的耳目，也可能擔任皇子與小皇帝們的老師，直到清末都依然如此，只是清中葉後的公主們就很少能在史書上看到她們的聲音。

從西漢到清，長達兩千年的時間裡，公主們在不同的考量、不同的時代懷著一樣忐忑不安的心離開父國，因爲她們幾乎對夫國一無所知，在史書上，只有西漢解憂公主相關的紀錄中，曾經提及漢帝國安排她的姪女提前學習烏孫語與風俗，在其他公主們的紀錄中，幾乎都不曾提到她們的心情，也看不出來她們在婚前是否得到相當程度的準備與教育。這些少女們大多在哀傷與無奈中辭別父母親友，此後天各一方，既是生離也是死別，只有少數例外能有聯繫。

公主們或往北、或往西，大多循著既有的安全路線前進，當她的馬車駛出中國的疆域時，在她眼前展開的道路，也意味著中國國力的延伸，當她抵達夫國之時，那條隨她而來的參某某公主道，就成爲她與父國之間的聯繫，但她們在兩國之間的折衝來回，往往使她們心力耗竭，加上水土不服，年少夭亡是常見之事，就算能在夫國立穩腳跟、成爲聲望崇隆的王后，當丈夫亡故後，她們也必須儘快做好準備成爲下任國王的妻子，在這些公主中，能夠活到最後、得以回歸故國者非常稀少，多數都葬身他鄉。

公主們的遭遇令人惋惜，也很容易挑起對於異民族的情緒，似乎嫁出公主的中國王朝是被迫的受害者，事實上，從當初討論和親的漢高祖開始，和親就是中國歷代皇帝們的外交工具，公主們只是待價而沽的籌碼，皇帝們比誰都清楚這不是結親、而是策略，大部分時候中國都自認爲是文明高、國力強的那一方，和親是一種優渥的榮譽，直到唐中葉無法維持東亞共主地位之後，才有了受辱的情緒，到了和

親已經行不通、也不符合效益的宋明兩代，醜化和親、訴諸於民族情感的王昭君故事才更盛行。

但與其傳頌王昭君如何守貞守節，我更喜歡本章一開頭、被東方學家斯坦因發現的「傳絲公主」故事，那片薄薄的木板上，留下了公主們在夫國與父國之間折衝的身影，她們割不斷與生身之國的聯繫，也不可能無視夫國的需要，如履薄冰地維繫著脆弱如絲的各方紐帶，只因爲當世界產生衝突時，她們手上的絲線有可能扭轉乾坤，那才是和親公主們離開宮廷奔赴的戰場。

在歐亞大陸的森林、草原、沙漠與綠洲中，兩千年來無數的新娘們乘著馬、駱駝、馬車或者火車往來，不論是公主或者奴婢，她們的婚姻都牽涉了太多身不由己，這本書中記錄的只是她們漫漫人生中的片段，就像那片傳絲公主圖、那封虎妻恨意滿滿的信、那本英國夫人的小書，讓我們看見壓在黃沙中的絲路新娘們。

我多麼希望世上再也沒有女人需要經歷與她們同樣的困境，但可惜的是，在世界上許多國家裡，對女性們的壓迫從來沒有根絕，人口買賣、強迫婚姻、種族滅絕都是現在進行式，就在當下，仍有無數的少女正含著眼淚被送到未知的夫家，更有無數的新娘正在面對令她恐懼不安的婚姻。

歷史距離我們從來不遠，我所寫的既是過去，也是眼前。

Eurasian Publishing Group
圓神出版事業機構
用心與你對話・視野無限寬廣
圓神出版社
Eurasian Press

www.booklife.com.tw reader@mail.eurasian.com.tw

天際系列 022

絲路新娘：自古以來，婚姻都是一場冒險

作　　者／謝金魚
繪　　圖／燕王
發 行 人／簡志忠
出 版 者／圓神出版社有限公司
地　　址／臺北市南京東路四段50號6樓之1
電　　話／(02) 2579-6600・2579-8800・2570-3939
傳　　真／(02) 2579-0338・2577-3220・2570-3636
副 社 長／陳秋月
副總編輯／賴良珠
主　　編／賴真真
責任編輯／吳靜怡
校　　對／吳靜怡・尉遲佩文
美術編輯／李家宜
行銷企畫／陳禹伶・林雅雯
印務統籌／劉鳳剛・高榮祥
監　　印／高榮祥
排　　版／杜易蓉
經 銷 商／叩應股份有限公司
郵撥帳號／18707239
法律顧問／圓神出版事業機構法律顧問　蕭雄淋律師
印　　刷／國碩印前科技股份有限公司
2024年7月　初版
2024年8月　2刷

定價 410 元　ISBN 978-986-133-926-9

我多麼希望世上再也沒有女人需要經歷與她們同樣的困境，但可惜的是，在世界上許多國家裡，對女性們的壓迫從來沒有根絕，人口買賣、強迫婚姻、種族滅絕都是現在進行式，就在當下，仍有無數的少女正含著眼淚被送到未知的夫家，更有無數的新娘正在面對令她恐懼不安的婚姻。歷史距離我們從來不遠，我所寫的既是過去，也是眼前。

——《絲路新娘》

國家圖書館出版品預行編目資料

絲路新娘：自古以來，婚姻都是一場冒險 / 謝金魚 著.
-- 初版. -- 臺北市：圓神出版社有限公司，2024.07
304面；14.8×20.8公分（天際系列；22）

ISBN 978-986-133-926-9（平裝）

1.CST：婚姻　2.CST：異國婚姻　3.CST：歷史

544.309　　113006868